民國文存

96

錢基博著作兩種

錢基博 著

知識產權出版社

本書由《讀莊子天下篇疏記》和《版本通義》聯綴而成。前者遵循"以子解子""稽流《史》《漢》""古訓是式"和"多聞闕疑"四條原則對"莊生所論"的諸子之學術多有所發明，體現了錢基博一貫的無徵不信、鈎稽詳核的治學精神。後者係我國現代第一部版本學專著，主要從版本學之淵源、之成立、之沿革，四部並類書之要籍、之善本以及相關之治學要領等方面進行了系統性闡發，是葉德輝《書林清話》之後該領域的又一部力作。

責任編輯：徐　浩　　　　　責任校對：谷　洋
文字編輯：王翔宇　徐　浩　責任出版：劉譯文

圖書在版編目（CIP）數據

錢基博著作兩種／錢基博著．—北京：知識產權出版社，2016.3
（民國文存）
ISBN 978-7-5130-1774-9

Ⅰ．①錢…　Ⅱ．①錢…　Ⅲ．①《莊子》—研究②版本學—中國　Ⅳ．①B223.55②G256.22

中國版本圖書館CIP數據核字（2012）第307255號

錢基博著作兩種

Qian Jibo Zhuzuo Liangzhong

錢基博　著

出版發行	知識產權出版社 有限責任公司		
社　　址	北京市海淀區西外太平莊55號	郵　編	100081
網　　址	http://www.ipph.cn	郵　箱	bjb@cnipr.com
發行電話	010-82000860 轉 8101/8102	傳　真	010-82005070/82000893
責編電話	010-82000860 轉 8343	責編郵箱	xuhao@cnipr.com
印　　刷	保定市中畫美凱印刷有限公司	經　銷	新華書店及相關銷售網站
開　　本	720mm×960mm　1/16	印　張	11
版　　次	2016年3月第一版	印　次	2016年3月第一次印刷
字　　數	124千字	定　價	45.00元

ISBN 978-7-5130-1774-9

出版權專有　　侵權必究
如有印裝質量問題，本社負責調換。

民國文存

（第一輯）

編輯委員會

文學組

組長：劉躍進

成員：尚學鋒　李真瑜　蔣　方　劉　勇　譚桂林　李小龍
　　　鄧如冰　金立江　許　江

歷史組

組長：王子今

成員：王育成　秦永洲　張　弘　李雲泉　李揚帆　姜守誠
　　　吳　密　蔣清宏

哲學組

組長：周文彰

成員：胡　軍　胡偉希　彭高翔　干春松　楊寶玉

出版前言

民國時期，社會動亂不息，內憂外患交加，但中國的學術界卻大放異彩，文人學者輩出，名著佳作迭現。在炮火連天的歲月，深受中國傳統文化浸潤的知識分子，承當著西方文化的衝擊，內心洋溢著對古今中外文化的熱愛，他們窮其一生，潛心研究，著書立說。歲月的流逝、現實的苦樂、深刻的思考、智慧的光芒均流淌於他們的字裡行間，也呈現於那些細緻翔實的圖表中，在書籍紛呈的今天，再次翻開他們的作品，我們仍能清晰地體悟到當年那些知識分子發自內心的真誠，蘊藏著對國家的憂慮，對知識的熱愛，對真理的追求，對人生幸福的嚮往。這些著作，可謂是中華歷史文化長河中的珍寶。

民國圖書，有不少在新中國成立前就經過了多次再版，備受時人稱道。許多觀點在近一百年後的今天，仍可說是真知灼見。眾作者在經、史、子、集諸方面的建樹成為中國學術研究的重要里程碑。蔡元培、章太炎、陳柱、呂思勉、錢基博等人的學術研究今天仍為學者們津津樂道；魯迅、周作人、沈從文、丁玲、梁遇春、李健吾等人的文學創作以及傅抱石、豐子愷、徐悲鴻、陳從周等人的藝術創想，無一不是首屈一指的大家名作。然而這些凝結著汗水與心血的作品，有的已經罹於戰火，有的僅存數本，成為圖書館裡備受愛護的珍本，或成為古玩市場裡待價而沽的商品，讀者很少有隨手翻閱的機會。

　　鑑此，為整理保存中華民族文化瑰寶，本社從民國書海裡，精心挑出了一批集學術性與可讀性於一體的作品予以整理出版，以饗讀者。這些書，包括政治、經濟、法律、教育、文學、史學、哲學、藝術、科普、傳記十類，綜之為"民國文存"。每一類，首選大家名作，尤其是對一些自新中國成立以後沒有再版的名家著作投入了大量精力進行整理。在版式方面有所權衡，基本採用化豎為橫、保持繁體的形式，標點符號則用現行規範予以替換，一者考慮了民國繁體文字可以呈現當時的語言文字風貌，二者顧及今人從左至右的閱讀習慣，以方便讀者翻閱，使這些書能真正走入大眾。然而，由於所選書籍品種較多，涉及的學科頗為廣泛，限於編者的力量，不免有所舛誤遺漏及不妥當之處，望讀者予以指正。

目　錄

讀莊子天下篇疏記 ………………………………………… 1

敍　目 ……………………………………………………… 2
一、總　論 ………………………………………………… 6
二、墨翟　禽滑釐　宋鈃　尹文 ………………………… 21
三、彭蒙　田駢　慎到　關尹　老聃 …………………… 32
四、莊周　惠施　公孫龍 ………………………………… 43
五、附·太史公談《論六家要指》考論 ………………… 71

版本通義 …………………………………………………… 84

序 …………………………………………………………… 85
原始第一 …………………………………………………… 87
歷史第二 …………………………………………………… 92
讀本第三 …………………………………………………… 127
餘記第四 …………………………………………………… 147
編後記 ……………………………………………………… 157

i

讀莊子天下篇疏記

敍　目

上❶《讀〈莊子·天下篇〉疏記》四篇，都三萬言，而末附以考論太史公談《論六家要指》者；蓋榷論儒道，兼覈名，將匡莊生所未逮，而極鄙意之欲言也。謹次述作之指而系之於篇曰：所以嚴造疏之規者四，一曰"以子解子"，一曰"稽流《史》《漢》"，一曰"古訓是式"，一曰"多聞闕疑"。

凡微言大義之寄：墨之言解以《墨子》書，老之言解以《老子》書，莊之言解以《莊子》書，公孫龍之言解以《公孫龍子》書。其書之後世無傳焉者，則解以所自出之宗，如宋鈃之明以墨，田駢慎到之明以老莊，惠施之明以老莊；猶不足，則旁采諸子書之言有關者，如宋鈃之明以荀孟。此之謂"以子解子"。凡辯章流別之事，立乎千載之後，而武斷千載以前，無徵不信，寧可鑿空！必稽之太史公書、《漢書·藝文志》以求其信。此之謂"稽流《史》《漢》"。凡名物訓詁之細，陸氏《釋文》有置不之解、解不可通者，必稽訓於古經、古子、古史以求義之所安。如解"以參為驗，以稽為決"，則據韓非書"無參驗而必之者，愚也"。旁證《春秋穀梁》傳疏，《國策·秦策》註，《漢書·律曆志》註，以明"參"之

---

❶ "上"原為"右"，謂原"敍目"下所系條目而言，今已前提為目錄。——編者註

訓"交互"，而正《釋文》訓"參，宜也"之非。解"內聖外王"，則據莊子《天道》《天運》《天地》諸篇，旁證《韓詩外傳》《白虎通》《說文》以明"聖"之古訓"通"，"王"之古訓"往"。解"椎拍輐斷"，則據《老子》書，旁證《史記集解》《廣雅·釋詁》以明"椎拍輐斷"之卽老子"挫其銳，解其紛"之義。此之謂"古訓是式"。其有不可知者，謹體莊生《齊物》"知止其所不知"之指，斅聖人之"存而不論"，而不敢彊不知以為知焉，蓋闕如也。此之謂"多聞闕疑"。

凡上所陳，私立規約，以為有必不可畔者，而後其法嚴而銓始眞，此造疏之規也。時賢好為疑古，不思"多聞闕疑"之義，而務碎義逃難，便辭巧說，隨時抑揚，苟以譁衆取寵，輒云"太史公書違戾"；又以諸子出於王官，亦劉歆之不根。此則《漢書·藝文志》譏稱"安其所習，毀所不見，終以自蔽"，而致患於"辟儒"者也！

余讀五經、諸子、史家之書，於說之有相關者，罔不參證以校其異同，互勘以明其得失，所謂"以參為驗，以稽為決"者也。囊括羣言，約之是篇，將以徵古說之不刊，袪時論之妄惑。其間可得而論定者，本事三，附及二。

（一）《史記·老莊申韓列傳》稱："莊子之學，無所不闚，然其要本歸於老子之言"，《漢書·藝文志》稱："某家者流，蓋出於某官"；皆按莊生之此篇，斯徵無誣於來者。（二）"內聖外王之道"，莊子所以自名其學；而奧旨所寄，盡於《逍遙遊》《齊物論》兩篇：蓋《逍遙遊》，所以喻衆生之大自在；而《齊物論》，則以闡衆論之無不齊。則是《逍遙遊》者，所以適己性，內聖之道也；《齊物論》者，所以與物化，外王之道也。若乃權度百家，見義於篇，則有能明"內聖外王之道"。而發之者，道家之關尹、老聃、莊周是也。有闇不明"內聖外王之道"而鬱不發者，其他諸家是也。然其中亦有辯：有內而不"聖"，外而不"王"者，墨者之墨翟、禽滑釐，辯者惠施、桓團、公孫龍之徒是也。有力求"外王"而未能"內聖"者，道者之支與流裔彭蒙、田駢、慎到是也。有欲為"內聖外王"而未底其境者，墨者之支與流裔宋鈃、尹文是也。有已底"內聖外王"而未造其極者，莊周之自敍是也。獨許關尹、老聃為"博大真人"。惟"博大"斯"王"，惟"真人"乃"聖"；"內聖外王之道"，庶幾在是耳！（三）惠施"歷物之意""特與天下之辯者為怪"，多本莊子，為道家之旁門，故以次莊周之後，猶之宋鈃、尹文為墨者之支流，故以次於墨翟之後也。然而桓團、公孫龍辯者之徒，有不與惠施同者。蓋惠施發其意以成假設，而辯者歷於物以相證實，故不同也。大抵道者體"道"以得"德"，內證之神明。而惠施"歷物"以徧說，外證之物理。夫惟道者"抱一""守靜"，乃能知化而窮神。至於惠施"外神""勞精"，不免"用知"之"自累"。此惠施之所以不如"道者"也。然惠施"歷物之意"而不具體，猶為"秉要執本"。至辯者具體"歷物"，而不詳其意，益流詭辯飾說。此又每況愈下，辯者之所為不如惠施者也；然其要，本歸於老子之言。而尋聲逐響者，方謂惠施、公孫龍為別墨，而祖述墨辯，以正別名顯於世。於戲！太史公不云乎："非好學深思，心知其意，固未易為淺見寡聞者道也"。此本事三也。

　　附及二者：一據荀子《正名篇》，以闡《漢書・藝文志》"古者名位不同，禮亦異數"之指；則因闡"以名為表"之說，而附及焉者也。一據莊子《在宥》《天道》兩篇，以徵《漢書・藝文志》"道家者流，秉要執本"之為"君人南面之術"；則因發"百官以事為常"之指，而附及焉者也。如此之類，不更僕數！匪徒一家之疏記，將發九流之筦錀。然有一義，漏未銓敘：莊生著篇以論衡天下之治方術者，曰墨翟、禽滑釐，曰宋鈃、尹文，曰彭蒙、田駢、愼到，曰關尹、老聃，曰莊周，曰惠施、公孫龍。五者皆許為出"古之道術"，而不私"道"為一家之所有；且歷舉其人，明其殊異，而不別之曰某家某家。有《漢書·藝文志》著錄其書，隸之一家，而此明其殊異者，如田駢之別出於關尹、老聃，而關尹、老聃之後，又別出莊周，《漢志》則并隸其書入道家；尹文亦別出於惠施，而《漢志》則并隸其書入名家是也。有《漢書·藝文志》著錄其書，析隸兩家，而此舉以並論者：如《漢志》《宋子十八篇》著小說家，《尹文子一篇》著名家，而此以尹文與宋鈃並論；《漢志》《田子》二十五篇著道家，《愼子》四十二篇著法家，而此以愼到與田駢並論是也。蓋諸子之別某家也，始著於史談之《論六家要指》，論定於劉向父子之校《諸子略》；徒以便稱舉明概念耳，非其本眞如此，按之莊生此篇而可知也。

余論莊生此篇以授及門，壬戌以來，四年六度矣，今年第七度也。鄙懷所陳，儻有違於時賢；然余讀《漢書·儒林傳》，至轅固之詔公孫弘曰："公孫子務正學以言，毋曲學以阿世！"輒悚仄起敬，為慕其人也。我則知免矣，寧獨以誦說莊生哉！君子道貴自立，時有利鈍，非所逆計也。

無錫錢基博自敘於京師西郊淸華園之古月堂。時則中華民國之十五年四月十八日。徒以彊藩稱兵，民政解綱，國且不國，何有於民。流離死亡者，百萬不盡數。赤地千里，城門晝不開者三日。戎馬生郊。天下洶洶，未知何時可已。而僕家居江南，蠶毀其室；方躋彊仕之年，重罹有生之酷；卽此足以剗心去智，齊得喪，一成毀，放乎自得之天，而不以梏我神明；寧必以梁元帝圍城講老子為大厲哉！斯固聖者之遂命，而為莊生之所許已。

一、總　　論

天下之治方術者多矣，皆以其有為不可加矣。

博按：此篇總論"天下之治方術者"，故以篇首"天下"二字為題。兩語蓋言天下之治方術者，皆以其所有之方術，為人之所莫加也；意極顯明。而郭象註深求之，謂："為其所有為，則真為也；為其真為則無偽矣，又何加焉。"則說迂曲而不易曉矣。古書有深求而益晦者，此類是也。

古之所謂道術者，果惡乎在？曰："無乎不在。"

博按："無乎不在"四字，莊子書明道之第一義諦也。莊子《齊物論》曰："道惡乎往而不存，言惡乎存而不可；道隱於小成，言隱於榮華。"又曰："古之人其知有所至矣。惡乎至？有以為未始有物者，至矣盡矣，不可以加矣。其次以為有物矣，而未始有封也。其次以為有封焉，而未始有是非也。是非之彰也，道之所以虧也。"此言道虧於有所在也。又《齊物論》曰："夫道未始有封，言未始有常，為是而有畛也。"郭象註："道無封，故萬物得恣其分域。"《知北游》曰："東郭子問於莊子曰：'所謂道惡乎在？'莊子曰：'無所不在。'東郭子曰：'期而後可。'莊子曰：'在螻蟻。'曰：'何其下耶？'曰：'在稊稗。'曰：'何其愈下耶？'曰'在瓦甓。'曰：'何其愈甚耶？'曰：'在屎溺。'東郭子不應。莊子曰：'夫子之問

一、總論

也，固不及質。正獲之問於監市履狶也，每下愈況。汝唯莫必，無乎逃物，至道若是。'"此言道在於"無不在"也。安有"天下之治方術者"，而無當於"古之所謂道術"，而不為道之所在者乎？《老子》言道德，此篇言道術。老子曰："道法自然。"(《老子》第二十五章）然則自然之理之謂"道"，而得"道"之謂"德"。"德者，得身也。"(《韓非子·解老》)行"道"之謂"術"。"術"，"路也"(《後漢書·馮衍傳》註)，"所由也"(《禮記·樂記》"然後心術形焉"註)。"有封""有是非"，則虧於"道"；"未始有封""無乎不在"，則全於"道"。此"道"之所以有成虧也。賈子《新書·道術篇》曰："道者所從接物也，其本者謂之虛，其末者謂之術。虛者言其精微也，平素而無設施也。術也者，所以制物也，動靜之數也。凡此皆道也。"此"道"之所以不廢"術"也。"術"者，所以行"道"也。"汝惟莫必，無乎逃物，至道若是"，故曰："道者所從接物也""其本者謂之虛"，惟虛乃能容物；不師成心，不為意必，而理無不賅，物無乎逃矣。

曰："神何由降？明何由出？""聖有所生，王有所成，皆原於一。"

博按：此莊子設問道既無乎不在，則神聖明王何由降出，獨與眾異，而答以"聖人抱一為天下式也"(《老子》第二十二章)。"聖"之為言，通也(《白虎通·聖人篇》："聖者，通也。"《說文·耳部》："聖，通也。"它書不具引)。"王"之為言，往也(《韓詩外傳》："王者，往也。天下往之謂之王。"《說文·王部》："王，天下所歸往也。"它書不具引)。體道之謂"聖"，故曰："有所生"；行道之謂"王"，故曰："有所成"。莊子此篇，蓋通論"天下之治方術者"，而折衷於老子，可以老子之言明之。老子曰："道生一，一生

7

二，二生三，三生萬物"。王弼註："萬物之生，吾知其主。"(《老子》第四十二章）此"聖有所生"原於"一"也。又曰："萬物負陰而抱陽，沖氣以為和"。王弼註："萬物萬形，其歸一也；雖有萬形，沖氣一焉。"（同上第四十二章）此"王有所成"原於"一"也。老子又曰："有物混成，先天地生；寂兮寥兮，獨立不改，周行而不殆，可以為天下母。吾不知其名，字之曰道，強為之名曰大；大曰逝，逝曰遠，遠曰反。故道大，天大，地大，王亦大。域中有四大，而王居其一焉。"（《老子》第二十五章）。此"聖有所生""王有所成"，皆原於"一"也。按"王"者往也，往即"逝"（《爾雅解詁》："逝，往也。"莊子《天地篇》："沛乎其為萬逝也。"郭象註："德澤滂沛，任萬物之自往也"）。而"逝"之曰"反"，即"周行也"。莊子之所謂"王有所成"者，謂惟邁往有所成也。老子之云"王亦大"者，"大"之義，即莊子云"無乎不在"；云"王亦大"者，謂道之獨往獨來，無所不周普，所謂"獨立不改，周行而不殆"也。故曰："大曰逝，逝曰遠，遠曰反。"不"反"則"殆"，不"反"則"改"，則"聖"有所生於"一"者，而"王"不必還成"一"矣。"此"道之所以大"周行"，而孔子傳《易》必繫之曰"周流六虛"也。余讀《史記・老莊申韓列傳》稱"莊子之學，無所不闚，然其要本歸於老子之言"，正可於此篇參之。

不離於宗，謂之天人。不離於精，謂之神人。不離於真，謂之至人。以天為宗，以德為本，以道為門，兆於變化，謂之聖人。以仁為恩，以義為理，以禮為行，以樂為和，薰然慈仁，謂之君子。以法為分，以名為表，以參為驗，以稽為決，其數一二三四是也，百官以此相齒，以事為常。以衣食為主，蕃息畜藏，老弱孤寡為意，皆有以養（梁啟超《莊子・天下篇釋義》曰："'老弱孤寡為意'，

一、總 論

文不可通。疑'為意'二字當在'養'字下，文為'蕃息畜藏，老弱孤寡，皆有以養為意'"），**民之理也**。

博按：此莊子所以品次"天下之治方術者"。自莊生觀之，"天下之治方術者"，道者為上，儒次之，百家之學又次之，而農家者流為下。蓋孟子譏為神農之言者，謂："以百畝之不足為已[1]憂者。農夫也！"（《孟子·滕文公上》）《漢書·藝文志》曰："農家者流，播百穀，勸耕桑，以足衣食。故八政，一曰食，二曰貨。孔子曰：'所重民食。'"此所謂"以衣食為主，蕃息畜藏，老弱孤寡為意，皆有以養，民之理也"。莊子《庚桑楚》又譏之曰："簡髮而櫛，數米而炊，竊竊乎又何足以濟世哉！"以故次之於末而略不詳說焉。斯固卑之無甚高論矣！獨道者"以天為宗""以德為本""以道為門""不離於精""不離於真"而"兆於變化"，所謂"配神明，醇天地"者也（"配神明，醇天地"見下文）。故翹然首舉為"天人"，為"神人"，為"至人"，為"聖人"。而儒者"以仁為恩""以義為理""以禮為行""以樂為和""薰然慈仁"，則為"君子"。"君子"者，儒家者言以示人範者也，故以廁於"天人""神人""至人""真人"之次；雖不如道者"配神明，醇天地"之於道最為高，而"順陰陽""明教化"以助人君者也（《漢書·藝文志》："儒家者流，助人君，順陰陽，明教化者也"）。至"百官""以法為分""以名為表""以參為驗""以稽為決""其數一二三四""以此相齒""以事為常"，此則儒者荀子所謂"循法則，度里刑，辟圖籍，不知其義，守其數，慎不敢損益，是官人百吏之所以取祿秩"（《荀子·榮辱篇》）。若曰"名法諸家之學，蓋百官之以相齒而常有事"，而為

---

[1] "已"當為"己"。——編者註

《漢書·藝文志》云"某家者流,出於某官"之所本也。

博按:"百官以此相齒,以事為常"之"以",卽承前"以法為分,以名為表,以參為驗,以稽為決"之四"以"字而言;若曰"四者,百官之持以相齒而事事也"。所謂"以法為分"者,"分"當讀符問切,"制也"(《荀子·榮辱篇》"詩書禮樂之分乎"註),決也(《文選·答賓戲》"烈士有不易之分"註)。決事必以法為準,此法家之正義也,可以法家言明之。所謂"法"者,何也?管子《七法》曰:"尺寸也,規矩也,繩墨也,衡石也,斗斛也,角量也,謂之法。"何謂"以法為分"?管子《明法》曰:"先王之治國也,不淫意於法之外,不為惠於法之內也,動無非法者,所以禁過而外私也。威不兩錯,政不二門,以法治國,則舉錯而已。是故有法度之制者,不可巧以詐偽。有權衡之稱者,不可欺以輕重。有尋常之數,不可差以長短。是故先王之治國也,使法擇人,不自舉也;使法量功,不自度也。"此之謂"以法為分"也。故曰:"法者所以興功懼暴。律者所以定分止爭。令者所以使人知事。法律政令者,吏民規矩繩墨也。"此著於管子《七臣》者也,雖然,"分"之必以"法"者,何也?慎子《威德篇》曰:"法雖不善,猶愈於無法,所以一人心也。"《羣書治要》引《慎子》曰:"夫投鉤分財,投策分馬,非鉤策為均也;使得美者不知所以賜,得惡者不知所以怨,此所以塞怨望也。"此"分"之所為必以"法"也。所謂"以名為表"者,荀子《儒效篇》"行有防表"註:"表,標也。""以名為表",蓋名家之學;而《漢書·藝文志》推論"名家者流,出於禮官,古者名位不同,禮亦異數"。余讀諸子書善言禮者,莫如《荀子》;而闡"以名為表"之旨者,故莫審於《荀子》也。其見意於《正名篇》者曰:"王者之制名,名定而實辯,道行而志通,則慎率民而一

一、總　　論

焉。故析辭擅作民以亂正名，使民疑惑。人多辯訟，則謂之大奸；其罪猶爲符節度量之罪也。"然則亂名之罪，比於犯法矣。此"以名爲表"之說也。雖然，儻表之不以"名"則奈何？荀子則重申其指曰："異形離心，交喩異物，名實玄紐，貴賤不明，同異不別，如是則志必有不喩之患，而事必有困廢之禍。故知者爲之分別。制名以指實，上以明貴賤，下以別同異；貴賤明，同異別，如是則志無不喩之患，事無困廢之禍，此所爲有名也。"正與《漢志》"名位不同，禮亦異數"之指相發。故曰："名不正，則言不順。"無名，則何以表焉。此"表"之所爲必以"名"也。惟儒者正名以齊禮，而法家稽名以準法。《尹文子·大道上》曰："以名稽虛實，以法定治亂；萬事皆歸於一，百度皆準於法，則頑嚚聾瞽，可與察慧聰明同其治也。能鄙齊功，賢愚等慮，此至治之術。""韓非引繩墨，切事情，明是非。"（《史記·老莊申韓列傳贊》）"以參爲驗，以稽爲決"，所以謹名法之操而審其用。"蓋以參爲驗"者，參名與法而驗其當。"以稽爲決"者，稽所參驗而決其可也。夫"決"必期於"參驗"者，何也？韓非子《顯學篇》曰："無參驗而必之者，愚也！弗能必而據之者，誣也！故明據先王，必定堯舜者，非愚即誣也！"此正所以譏不稽於"參驗"而爲"決"者之"非愚即誣"。《國策·秦策》"寡人決講矣"註："決，必。"是"決"即"必"。然則韓非謂"無參驗而必之者愚"，猶云"無參驗，而決之者愚"也。

按《春秋穀梁·桓五年傳》"蓋參譏之"疏："參者，交互之意。"《漢書·律曆志上》"立則見其參於前也"註引孟康曰："權衡量三等爲參。"然則"參"者，蓋交稽互證之謂。衡政則偏聽成奸，論學則孤證不信，故必"以參爲驗"也。荀子《解蔽篇》曰："參稽治亂而通其度"註："參，驗。"而韓非子《主道篇》曰："有言者自為名,有事者自為形,形名參同",卽"以參為驗,以稽為決"之意。此亦名法家之治,連"以法為分""以名為表"而合言之曰"其數一二三四"。百官之以相齒而常有事者,"此"也;故曰"百官以此相齒,以事為常"。莊子《天地篇》曰:"上治人者,事也。"事其事,而"以法為分,以名為表,以參為驗,以稽為決"者,百官之"常",而非帝王之所"以"也。何以言其然?莊子《天地篇》曰:"禮法度數刑名比詳,治之末也"。博按:"禮法度數",卽謂"以法為分"。荀子《勸學篇》曰"禮者,法之大分"是也。"刑名"者,卽"以名為表"之謂;古"形""刑"通,形於外者謂之"表",故威儀亦稱"表儀",《春秋左氏·文六年傳》"引之表儀"是也。至所謂"比詳"者,蓋參比"禮法度數刑名"而詳其可否得失,所謂"以參為驗,以稽為決"也。然而莊子則於《天道篇》重言以申明之曰:"禮法度數刑名比詳,古人有之;此下之所以事上,非上之所以畜下也。"故曰:事其事而"以法為分,以名為表,以參為驗,以稽為決",百官之"常",而非帝王之所"以"也。帝王之所"以"則奈何?莊子《天道篇》曰:"帝王之德,以天地為宗,以道德為主,以無為為常。無為也,則用天地而有餘。有為也,則為天下用而不足。故古之人貴夫無為也。上無為也,下亦無為也,是下與上同德;下與上同德,則不臣!下有為也,上亦有為也,是上與下同道;上與下同道,則不主。上必無為而用天下。下必有為為天下用。此不易之道也。"然則"禮法度數刑名比詳"者,"有為為天下用"之"事";百官之以為"常";儒法名墨諸家是也。至老子曰"道常無為而無不為"(《老子》第三十七章),則"無為而用天下"之"道""上之所以畜下",而帝王之以為"常"者也。故曰:"道有天道,有人道。無為而尊者,天道也。有為而累者,人道也。主者、天道也。臣者、人道也。天道之與人道，相去遠矣！不可不察。"此又莊子之所著論於《在宥篇》者也。

博按："天道"者，"無為而尊"之"主道"；道家得以為德，曰"上德無為而無不為"者也（《老子》第三十八章）。"人道"者，"禮法度數刑名比詳"，儒法名墨之"有為而累"；"下之所以事上"，故曰"臣道"，而詔"百官"之有"常"。信如莊子所云，則是百官"以事為常"，而"帝王之德""以無為為常"也。余讀《漢書·藝文志》論列諸子十家，獨稱"道家者流，秉要執本，君人南面之術"；有以也夫！有以也夫！

古之人其備乎！配神明，醇天地（章炳麟《莊子解故》曰："醇借為準。《地官》：'質人壹其淳制。'《釋文》：'淳音準。'是其例。《易》曰：'易與天地準。'配神明、準天地二句同意"），**育萬物，和天下，澤及百姓，明於本數，係於末度，六通四辟，小大精粗，其運無乎不在。其明而在數度者，舊法世傳之史尚多有之。其在於詩書禮樂者，鄒魯之士搢紳先生多能明之。詩以道志，書以道事，禮以道行，樂以道和，易以道陰陽，春秋以道名分。其數散於天下而設於中國者，百家之學時或稱而道之。天下大亂，賢聖不明，道德不一，天下多得一察焉以自好**（王念孫《讀書雜誌》以一、察連讀。俞樾《諸子平議》曰："察當讀為際，一際猶一邊也。《廣雅釋詁》'際''邊'並訓'方'，是際與邊同義。'得其一際'即得其一邊，正不知全體之謂；察、際並從祭聲，故得通用耳"）。**譬如耳目口鼻，皆有所明，不能相通；猶百家衆技也，皆有所長，時有所用。雖然，不該不徧，一曲之士也。判天地之美，析萬物之理，察古人之全**（梁啟超《莊子天下篇釋義》曰："察古人之全，亦當讀為際。察字與判字、析字並舉，皆言割裂天地之美、萬物之理、古人之全，而僅得其一體，此所以不該不徧，而適成其為一曲之士也"），**寡能備於天地之美，稱神明之容！**

博按：此亦品次"天下之治方術者"，承上文而申其指也。"育萬物""和天下""澤及百姓"三語，言"古之人"德無不普。"明於本數""係於末度"二語，言"古之人"知無不該。要而言之曰："備"。大而贊之曰："六通四闢，小大精粗，其運無乎不在。"然而"配神明""醇天地"，此所謂"不離於宗，謂之天人；不離於精，謂之神人；不離於眞，謂之至人；以天為宗，以德為本，以道為門，兆於變化，謂之聖人"者也。惟宗"天"本"德"而"不離於精""不離於眞"，所謂"配神明，醇天地"者，特"天人""神人""至人""聖人"之所謂。"秉要執本"；至稽之"禮法度數刑名比詳"以有事於百官，所以"育萬物""和天下""澤及百姓"者，則固不能遺棄一切而不與民生事物為緣。故曰："明乎本數，係於末度。"此"古之人"所為"六通四辟"，無愧於"備"，而運之小大精粗無不在者也。

自道德之不一，"天下多得一察焉以自好"。"其在於詩書禮樂者，鄒魯之士搢紳先生多能明之"，《詩》以道志，《書》以道事，《禮》以道行，《樂》以道和，《易》以道陰陽，《春秋》以道名分；而不同"禮法度數刑名比詳"之所謂"治之末"，此之謂"本數"。而"鄒魯之士搢紳先生多能明之"，此所謂"明於本數"者也。《漢書·藝文志·六藝略》曰："《樂》以和神，仁之表也。《詩》以正言，義之用也。《禮》以明體，明者著見，故無訓也。《書》以廣聽，知之術也。《春秋》以斷事，信之符也。"然則"明於詩書禮樂"之"鄒魯之士搢紳先生"，殆卽所謂"以仁為恩，以義為理，以禮為行，以樂為和，薰然慈仁，謂之君子"者也。謂之"本數"

一、總　論

者，若曰"禮法度數"之本爾；尚非眞能宗"天"本"德"，而"不離於精""不離於眞"者也。莊子《天運篇》載孔子謂老聃曰："丘治《詩》《書》《禮》《樂》《易》《春秋》六經，孰知其故矣。"老子曰："六經，先王之陳跡也；豈其所以跡哉"！然則"鄒魯之士搢紳先生"多能明"詩書禮樂"者，特是明"禮法度數"之本，尚非眞能遺外形迹，深明道本而知"所以"者。儻有"以本為精""以物為粗""澹然獨與神明居"，如所稱關尹、老聃者，則謚之曰博大眞人（見下《疏記》三）。蓋與古之所謂"天人""神人""至人""聖人"，同實而殊名者也；厥為道家祖，"以有積為不足"，"建之以常無有"。而游文六藝，"明於本數"之鄒魯之士搢紳先生，蓋後世儒家之所從出焉。

至云"明而在數度者，舊法世傳之史尚多有之""其數散於天下而設於中國者，百家之學時或稱而道之"，蓋"係於末度"，所謂"以法為分，以名為表，以參為驗，以稽為決，其數一二三四，百官以此相齒，以事為常"者也。按《說文·宀部》："官，吏事君也。"《一部》："吏，治人者也；从一，从史，史亦聲。"《史部》："事，職也；从史屮省聲。""史，記事者也；从又持中。"江永《周禮疑義舉要·秋官篇》云："凡官府簿書謂之中，故諸官言'治中''受中'，小司寇'斷庶民獄訟之中'，皆謂簿書，猶今之案卷也；此中字之本義。故掌文書者謂之史，其字从又从中；又者，右手，以手持簿書也。吏字、事字，皆有中字；天有司中星，後世有治中之官，皆取此義。"《周禮》大小官多名史，以此，故"百官"卽"史"。謂之"世傳之史"者，按《春秋左氏·隱八年傳》，衆仲曰："官有世功，則有官族"；古者官有世族，故曰"世傳之史"。然《孟子》書敍五霸桓公為盛，葵丘之會，四命曰"士無世官"（《孟子·告子下》），則是齊桓之時，世官已為禁令。而莊子生於春秋之衰，故曰"舊法"；然去古未遠，故曰"舊法世傳之史尚多有之"。史之所明在數度，《禮記·郊特牲》云"禮之所尊，尊其義也；失其義，陳其數，祝史之事"是也。而謂之"係於末度"者，莊子《天道篇》云："禮法度數刑名比詳，治之末"，故曰"末度"也。荀子《榮辱篇》云："循法則度量刑辟圖籍，不知其義，謹守其數，慎不敢損益也；父子相傳以持王公。是故三代雖亡，治法獨存；是官人百吏之所以取祿秩。"曰"謹守其數，慎不敢損益"，即"係"之意。曰"父子相傳以持王公"，即"世傳"之義，其言與莊子合。故曰"明而在數度者，舊法世傳之史尚多有之"也。"其數散於天下而設於中國，百家之學時或稱而道之"者，按《說文·宀部》："宦，仕也。"段玉裁註："人部：'仕者，學也。'《左傳》'宦三年矣'，服虔云：'宦，學也。'《曲禮》'宦學事師'註云'宦，仕也。'熊氏云：'宦謂學官事。學謂習六藝。'二者俱是事師。"此"百官"之"事"所由流而成為"百家之學"，而益徵《漢書·藝文志》云"某家者，流出於某官"之說為不可易也。

惟百家之學，"係於末度"，而非莊子意之所先。莊子《天道篇》云："古之明大道者，先明天而道德次之。道德已明而仁義次之。仁義已明而分守次之。分守已明而形名次之。形名已明而因任次之。因任已明而原省次之。原省已明而是非次之。是非已明而賞罰次之。賞罰已明而愚智處宜，貴賤履位，仁賢不肖襲情，必分其能，必由其名。故書曰'有形有名'。形名者，古人有之，而非所以先也。驟而語形名賞罰，此有知治之具，非知治之道；可用於天下，不足以用天下，此之謂辯士、一曲之人！"蓋甚言名法諸家之非所先，而為"辯士、一曲之人"。此之所謂"不該不徧，一曲之士"

也。"判天地之美""析萬物之理""察古人之全",豈所論於"備天地之美""稱神明之容"者哉!

是故內聖外王之道,闇而不明,鬱而不發。

博按:"聖"之為言"通"也,所以適己性也,故曰"內";"王"之為言往也,所以與物化也,故曰"外"。"內聖外王",蓋莊生造設此語以闡"道"之量,而持以為揚搉諸家之衡準者;惟引莊生之言足以明之。莊子《天道篇》曰:"通於聖。"又《天運篇》曰:"聖也者,達於情而遂於命也。天機不張而五官皆備,此之謂天樂;無言而心說。"又《天地篇》曰:"聖人鶉居而鷇食,鳥行而無彰;天下有道則與物皆昌;天下無道,則修德就閒。千歲厭世,去而上僊,乘彼白雲,至於帝鄉;三患莫至,身常無殃,則何辱之有!"則是"聖"之謂"內",所以適己性也。《天地篇》又曰:"無為為之之謂天。無為言之之謂德。愛人利物之謂仁。不同同之之謂大。行不崖異之謂寬。有萬不同之謂富。故執德之謂紀。德成之謂立。循於道之謂備。不以物挫志之謂完。君子明於此十者,則韜乎其事心之大也,沛乎其為萬物逝也!"郭象註:"德澤滂沛,任萬物之自往也。"博按,《爾雅釋詁》:"逝,往也",則"往"即"逝"。故曰:"王德之人,素逝而恥通於事(郭象註:任素而往耳,非好通於事也)。立之本原而知通於神,故其德廣。其心之出,有物採之,故形非道不生,生非德不明。存形窮生,立德明道,非王德者耶!蕩蕩乎!忽然出,勃然動,而萬物從之乎!此謂王德之人!"則是"王"之謂"外",所以與物化也。

內之以成"聖",外之以成"王",而要必蘄於"刳心"。莊子《天地篇》曰:"夫道,覆載萬物者也;洋洋乎大哉!君子不可以不刳心焉!"蓋不"刳心",不足以契"道"也。夫有心,則累其自然而不肯"任萬物之自往";惟"刳心",而後內則"聖",外則"王",乃契於"道"。惟不"刳心"而"天下多得一察焉以自好","譬如耳目口鼻,各有所明,不能相通"!此"內聖外王之道"所以"備於天地之美,稱神明之容"也!老子言"道""德"。莊子言"內聖""外王"。"道"也者,人之所共由也;莊子謚之曰"外王之道"。"德"也者,我之所自得也;莊子謚之曰"內聖之道"。"內聖"得其自在,"外王"蘄於平等;維綱所寄,其唯《逍遙遊》《齊物論》二篇;斯章生之所云(章炳麟《齊物論釋》序),信有當於知言也!體任性真,故自由而在我;《逍遙遊》之指也。理絕名言,故平等而咸適;《齊物論》之指也。

綜《莊子》書三十三篇,其大指以為:俯仰乎天地之間,逍遙乎自得之場,固養生之主也。然人間世情偽萬端,而與接為構,日以心鬭;唯無心而不自用者,為能放乎逍遙而得其自在也。夫唯逍遙之至者,為能遊心乎德之和,不係累於形骸,而見其所喪;視喪其足,猶遺土也,斯固德充之符矣!是則雖天地之大,萬物之富,其所宗而師者,無心也。夫無心而放乎自在、任乎自化者,應為帝王也。然則《養生主》《人間世》及《德充符》三篇,所以盡《逍遙遊》不言之指,而《大宗師》及《應帝王》,則以竟《齊物論》未發之蘊者也。此《內篇》之大凡也。

凡《外篇》十五,曰《駢拇》,曰《馬蹄》,曰《胠篋》,曰《在宥》,四篇言絕聖棄知、絕仁棄義以去性命之桎梏。曰《天運》,言逍遙無為之為采真之遊。曰《刻意》,言逍遙之在恬淡寂寞虛無無為。曰《繕性》,言以恬養知之為逍遙。曰《至樂》,言至樂唯逍遙於無為。曰《達生》,言棄世則無累於逍遙。曰《山木》,言虛己以遊世之孰能害。曰《田子方》,言遊於物之初。此言《逍遙遊》也。

曰《天地》，言不同同之之為王德。曰《天道》，言靜而聖，動而王之，壹於虛靜恬淡寂寞無為；所以明內聖外王之無二道，亦《齊物論》之指也。《秋水》言小大之齊，《知北遊》言死生之齊。此言《齊物論》也。

凡《雜篇》十，其中言《逍遙遊》者五：曰《外物》，曰《讓王》，曰《盜跖》，曰《漁父》，曰《列禦寇》。言《齊物論》者五：曰《庚桑楚》，曰《徐無鬼》，曰《則陽》，曰《寓言》，曰《說劍》。一言以蔽之，曰"道法自然"，無殊於"內聖""外王"也。不任自然，則失其性命之情；壹任自然，則安於性命之情。性命之安在我，則放乎逍遙之遊；內聖之德也。性命之安在人，乃以徵物論之齊；外王之道也。此《莊子》書之大指也。然《莊子》書三十三篇，言《逍遙遊》者二十篇，言《齊物論》者十二篇；而本篇之為敘錄者不算焉，則是詳於內聖而略於外王也。於戲！莊生不云乎："道之真以治身。其緒餘以為國家。其土苴以治天下。由此觀之：帝王之功，聖人之餘事也，非所以完身養生也。"（《讓王篇》）故略之也。

天下之人各為其所欲焉以自為方。悲夫！百家往而不反，必不合矣。後世之學者，不幸不見天地之純、古人之大體。道術將為天下裂。

博按，莊子《齊物論》曰："道未始有封。""天下之人各為其所欲焉以自為方"，則是道之有封矣！有封，斯有是非。《齊物論》又曰："是非之彰也，道之所以虧也。道之所以虧，愛之所以成。"郭象註："道虧，則情有所偏而愛有所成，未能忘愛釋私、玄同彼我也。"則是道術之為天下裂，而後"天下之人各為其所欲焉以自為方"也。

大抵百家之所為殊異於老莊者：老莊棄智而任道，百家遺道而徇智。棄智而任道者，有以"見天地之純""察（讀如字）古人之全"，而是非之畛泯。遺道而徇智者，將以"判天地之美""析萬物之理"，而彼我之見紛。蓋道者主"一"以闕大道之全，而百家裂"道"以明"一曲"之智；"渾淪"之與"瑣碎"異（《列子·天瑞》曰：氣形質具而未相離，故曰渾淪。渾淪者，言萬物相渾淪而未相離也），"玄同"之與"相非"違也。楊子《法言·問道》曰："道以導之，德以得之，仁以人之，義以宜之，禮以體之，天也；合則渾，離則散。""天下之人各為其所欲焉以自為方。悲夫！百家往而不反，必不合矣！""循於道之謂備，不以物挫志之謂完"，此道者所以於百家最為高，而捄一切聖智之禍也！

二、墨翟　禽滑釐　　宋鈃　尹文

不侈於後世，不靡於萬物，不暉於數度，以繩墨自矯而備世之急；古之道術有在於是者。墨翟、禽滑釐聞其風而說之，為之大過，已之大順（梁啟超《莊子天下篇釋義》曰：已，止也。即下文"明之不如其已"之已。大順即太甚之意，言應做之事做得太過分，應節止之事，亦節止得太過分。順、甚音近可通也）。**作為非樂，命之曰節用，生不歌，死無服。墨子氾愛兼利而非鬭，其道不怒。又好學而博，不異；不與先王同，毀古之禮樂。**

黃帝有咸池。堯有大章。舜有大韶。禹有大夏。湯有大濩。文王有辟雍之樂。武王、周公作武。古之喪禮，貴賤有儀，上下有等；天子棺槨七重，諸侯五重，大夫三重，士再重。今墨子獨生不歌，死不服，桐棺三寸而無槨，以為法式。以此教人，恐不愛人。以此自行，固不愛己。未敗墨子道；雖然，歌而非歌，哭而非哭，樂而非樂，是果類乎？其生也勤，其死也薄；其道大觳，使人憂，使人悲，其行難為也，恐其不可以為聖人之道！反天下之心，天下不堪；墨子雖獨能任，奈天下何？離於天下，其去王也遠矣！

墨子稱道曰："昔者禹之堙洪水，決江河而通四夷九州也；名山三百（俞樾《諸子平議》曰：名山當作名川），**支川三千，小者無數。禹親自操橐耜而九雜天下之川，腓無胈，脛無毛，沐甚雨，櫛疾風，置萬國。禹，大聖人也，而形勞天下也如此！"使後世之墨**

者，多以裘褐為衣，以跂蹻為服，日夜不休，以自苦為極，曰："不能如此，非禹之道也！不足為墨！"

博按："不與先王同"當連下"毀古之禮樂"讀，所以證墨子之"不侈於後世，不靡於萬物，不暉於數度"者也。蓋墨子之意，主於節用；生當先王禮明樂備之後，而"毀古之禮樂""命之曰節用，生不歌，死無服"。此其所以"不與先王同"，豈非所謂"不侈於後世，不靡於萬物，不暉於數度"者耶？此《節用》《節葬》《非樂》諸篇之指也。"先王"謂黃帝堯舜禹湯文武周公，而"後世"則專指周而言。《論語·八佾》子曰："周監於二代，郁郁乎文哉！"正所謂"靡於萬物""暉於數度"之世。《說文·日部》："暉，光也。"《太玄·經視次五》"厥德暉如"註："暉如，文德之貌也。"墨子之嫉文德與老子同；而微有異者，蓋老子欲反周之文以躋之"古始"之"樸"（《老子》第十九章曰：絕聖棄智，民利百倍；絕仁棄義，民復孝慈；絕巧棄利，盜賊無有。此三者以為文不足，故令有所屬，見素抱樸）。而墨子則矯周之文勝而用夏之質。

《淮南子·要略訓》云："墨子學儒者之業，受孔子之術，以為其禮煩擾而不說，厚葬靡財而貧民，服傷生而害事，故背周道而用夏政。"今莊子之稱墨子曰："使後世之墨者，多以裘褐為衣，以跂蹻為服，日夜不休，以自苦為極，曰：'不能如此，非禹之道也！不足為墨！'"與淮南之說同。而儒者荀子則著《富國篇》以非墨子之節用，著《禮論篇》以斥墨子之短喪，著《樂論篇》以貶墨子之非樂；而最其指於《解蔽篇》，一言以蔽之曰："墨子蔽於用而不知文"。皆指此篇所稱"墨子命之曰節用，生不歌，死無服""毀古之禮樂"而言。至荀子《天論篇》曰："墨子有見於齊，無見於畸。"其非墨子之見於《非十二子篇》者曰："不知壹天下、建國家之權

二、墨翟　禽滑釐　宋鈃　尹文

稱，上功用，大儉約而僈差等，曾不足以容辯異。"此墨子《尚同》之指，而此篇所云"墨子氾愛兼利而非鬭，其道不怒。又好學而博，不異"者也。"不異"，卽荀子所謂"有見於齊"；而"不異"之"異"，卽荀子《非十二子篇》"僈差等，曾不足以容辯異"之"異"。惟荀子所謂"僈差等"者，承"上功用，大儉約"而言，猶是《節用》《節葬》之指。而莊生所云"不異"者，承"氾愛兼利而非鬭，其道不怒"而言，乃是《兼愛》《非攻》之義。然則莊生云"不異"，荀子曰"僈差等"，謂墨子之"有見於齊"同；而莊以議墨之兼愛，荀以非墨之節用，所以謂墨子之"有見於齊"者則異。

墨子之道多端，其書七十一篇，著有《漢書·藝文志》，今存者五十三篇。《魯問篇》墨子之語魏越曰："凡入國，必擇務而從事焉。國家昏亂，則語之《尚賢》《尚同》。國家貧，則語之《節用》《節葬》。國家憙音沉湎，則語之《非樂》《非命》。國家淫僻無禮，則語之《尊天》《事鬼》。國家務奪侵陵，則語之《兼愛》《非攻》。"今《墨子》書雖殘缺，然自《尚賢》至《非命》三十篇，所論略備。而要其歸，不外《節用》《兼愛》。其餘諸端，皆由《節用》《兼愛》推衍而出。如《節葬》《非樂》諸義，由《節用》而出者也；《上同》《上賢》《非攻》諸義，皆由《兼愛》而出者也。

《漢書·藝文志》論墨家者流於臚舉諸端之後，而卒之曰："蔽者為之，見儉之利，因以非禮，推兼愛之意而不知別親疏。"亦要其歸於節用、兼愛二者。而節用尤為墨道之第一義：一則儉於自為，乃能豐於及物；二則兼愛者不暇自愛，不暇自愛則亦不侈於自奉。此荀子所由專非其節用。莊生雖並稱兼愛，而特側重於節用；所謂開宗明義，特揭其出古之道術曰："不侈於後世，不靡於萬物，不暉於數度"者也。然而論之曰："其生也勤，其死也薄；其道大觳，使人憂，使人悲，其行難為也，恐其不可以為聖人之道。"則是內不能達情遂命以通於"聖"也。又曰："反天下之心，天下不堪！墨子雖獨能任，奈天下何？離於天下，其去王也遠矣！"則是外不能與物俱往以躋於"王"也。"是故內聖外王之道，闇而不明，鬱而不發"，此則墨子之大蔽也！墨子行事不概見。《史記·孟子·荀卿·列傳》後附云："墨翟，宋之大夫；善守禦，為節用。或曰並孔子時，或曰在其後。"禽滑釐，墨子弟子，見墨子《公輸篇》。

相里勤之弟子五侯之徒，南方之墨者苦獲、已齒、鄧陵子之屬，俱誦《墨經》，而倍譎不同（郭慶藩《莊子集釋》曰：倍譎，背鐍之借，外向之名。莊子蓋喻各泥一見，二人相背耳），**相謂別墨；以堅白同異之辯相訾，以觭偶不仵之辭相應**（梁啟超《莊子天下篇釋義》曰：觭字不見他書，疑為畸之異文，實即奇字。《說文》云：奇，不偶也）；**以巨子為聖人，皆願為之尸，冀得為其後世，至今不決。**

博按，韓非子《顯學篇》曰："自墨子之死也，有相里氏之墨，有相夫氏之墨，有鄧陵氏之墨；墨離為三。"是即此篇所稱"相里勤之弟子五侯之徒，南方之墨者苦獲、已齒、鄧陵子之屬"也。而"俱誦墨經"之"墨經"有二說：一謂"墨經"指《墨子》書卷一之《親士》《修身》《所染》《法儀》《七患》《辭過》《三辯》七篇而言。黃震《日抄讀諸子》曰："墨子之書凡二，其後以論稱者多衍復，其前以經稱者善文法。"錢曾《讀書敏求志》❶曰："潛溪《諸子辯》云：'《墨子》三卷：上卷七篇，號曰《經》；中卷、下卷六篇，號曰《論》。'予藏宏治己未舊抄本，卷篇之數，恰與其言

---

❶ 當為《讀書敏求記》。——編者註

二、墨翟　禽滑釐　宋鈃　尹文

合。"畢沅《墨子注敘》曰："又三卷一本，卽《親士》至《尚同》十三篇。宋王應麟、陳振孫僅見此本，有《樂臺注》，見鄭樵《通志·藝文略》，今亡。"世所傳十五卷本不分題經、論，而三卷本上卷七篇，必於目下題經，故號曰"經"。此相傳之古說也。一謂"墨經"乃指《墨子》書之《經》《經說》而言。孫詒讓《墨子閒詁》謂："《墨經》卽《墨辯》，今書《經說》四篇及《大取》《小取》二篇。"近儒梁啟超、胡適皆宗焉。此輓出之新說也。自博觀之，當以古說為可信。按《管子》書有《經言》九篇；《韓非子·內儲說上》有《經》七篇，《內儲說下》有《經》七篇，《外儲說右上》有《經》三篇，《外儲說右》有《經》五篇，皆以《經》冠諸篇之首；則《墨子》書之"經"，亦應冠於篇首。而《經》《經說》，其篇次列第四十至第四十三，如真以為《墨經》，不應後其所先，輕重倒置若此。一也。且題曰經者，必全書之大經大法。而《墨子》書之大經大法，不過《天志》《尚賢》《兼愛》《節用》《非樂》犖犖數大端；而此犖犖數大端，皆於卷之一、七篇中發其指（張采田《史微原墨》）。斯足以揭全書之綱，題之曰"經"而無愧！至《經》《經說》不過"辯言正辭"而已；小辯破道，奚當於大經大法！二也。故曰："《墨經》者，乃指《墨子》書卷之一《親士》《修身》《所染》《法儀》《七患》《辭過》《三辯》七篇而言。"

曰"俱誦《墨經》，而倍譎不同"者，謂相里勤、鄧陵之徒，雖俱誦《墨經》，然背譎所言，有乖於墨子之大經大法，故曰"而"；"而"者，辭之反也。"相謂別墨"云者，謂人以別墨相謂，若曰"墨家之別派"云爾，不以正宗予之也。曷為不以正宗予之？以其背譎所言，相訾以"堅白同異之辯"，相應以"觭偶不仵之辭"，與《墨經》稱說不同也；故不以正宗予之，而相謂曰"別墨"

也。然相里勤、鄧陵之徒，則不以"別墨"自居，而欲得為鉅子，辯其所是以為天下宗主；而簒墨家之統焉！墨家號其道理成者為鉅子，若儒家之碩儒；鉅子為墨家之所宗，如儒者之"羣言淆亂衷諸聖"也。

墨翟、禽滑釐之意則是，其行則非也！將使後世之墨者，必自苦；以腓無胈，脛無毛，相進而已矣！亂之上也！治之下也！雖然，墨子真天下之好也！將求之不得也！雖枯槁不舍也，才士也夫！

博按：莊生之道，在貴身任生，以無為而治；而見墨者之教，勞形勤生，以自苦為極，"反天下之心，天下不堪"，行拂亂其所為而已矣！故曰"亂之上也"。郭象註："亂莫大於逆物而傷性也。"使用墨者之教而獲有治焉？終以"逆物傷性"而不得躋無為之上治也！故曰"治之下也"。然其用心篤厚，利天下為之，"雖枯槁不舍也"，"將求之不得也"！豈非"真天下之好"也哉！好，讀"許皓切"，如《詩·遵大路》"不寁好也"，《國語·晉語》"不可謂好"之"好"，美也，善也。墨翟"以繩墨自矯而備世之急"，其權略足以持危應變，而所學該綜道藝，洞究象數之微；此莊生所以甚非其行而卒是其意，稱之曰"天下之好"，媵之以"才士"之目也！故非禽滑釐之徒所可等量齊觀矣！

上論墨翟、禽滑釐。

不累於俗，不飾於物，不苟於人（章炳麟《莊子解》曰：苟者，苛之誤。《說文》言苛之字止句，是漢時俗書苛苟相亂。下言苛察，一本作苟，亦其例也），**不忮於衆，願天下之安寧以活民命，人我之養，畢足而止；以此白心，古之道術有在於是者。宋鈃、尹文聞其風而說之，作為《華山》之冠以自表，接萬物以別宥為始。語心之容，命之曰心之行；以聏合驩，以調海內請欲，置之以為主**（梁啓

二、墨翟　禽滑釐　　宋鈃　尹文

超《莊子天下篇釋義》曰：聏字不見他書。郭嵩燾據《莊子闕誤》引作胹，訓為爛也，熟也，軟也。大概當是宋鈃、尹文用軟熟和合歡喜的教義，以調節海內人的情欲。"請欲"當讀為情欲，卽下文情欲寡淺之情欲也。請讀為情，《墨子》書中甚多，情、請二字古通用，甚明。宋鈃、尹文卽以此種情欲為學說基礎，故曰以聏合驩，以調海內請欲，置之以為主）。**見侮不辱，救民之鬬，禁攻寢兵，救世之戰；以此周行天下，上說下教，雖天下不取，強聒而不舍者也！故曰："上下見厭而強見也。"**

雖然，其為人太多，其自為太少！曰："請欲固置五升之飯足矣！先生恐不得飽，弟子雖飢，不忘天下。"日夜不休，曰："我必得活哉！"圖傲乎救世之士哉（章炳麟《莊子解故》曰：圖當為嵒之誤，嵒卽鄙陋、鄙夷之本字，嵒傲猶言鄙夷耳）！**曰："君子不為苛察，不以身假物。"以為"無益於天下者，明之不如已也"！以禁攻寢兵為外，以情欲寡淺為內；其小大精粗，其行適至是而止。**

博按：宋鈃、尹文，蓋墨者之支與流裔。而莊生所以明其所自出"古之道術"曰"不累於俗，不飾於物"，卽墨子"不侈於後世，不靡於萬物，不暉於數度"之意。"不苟於人，不忮於衆"，卽墨子"汎愛兼利而非，鬬其道不怒"之指。此宋鈃、尹文之所為與墨同。然"墨子兼愛，摩頂放踵，利天下為之"（《孟子·盡心上》）"為之大過，已之大順"，不恤犧牲自我以利天下者也。至宋鈃、尹文之所為白心，則以"我"亦天下之一民；苟"天下之安寧"不能"人"足養而遺外"我"也，願"畢足"焉。此宋鈃、尹文之所與墨子異。蓋一則舍己狥人，一則人我畢足也。

今觀宋鈃、尹文之"上說下教"，不外兩事，曰"以禁攻寢兵為外，以情欲寡淺為內"。而"接萬物以別宥為始"。蓋非"別宥"，不知"見侮"之"不辱";不知"見侮"之"不辱",則不能以"禁攻寢兵"。非"別宥",不明"為人"之"自為";不明"為人"之"自為",則不能以"寡淺情欲"。此實宋鈃、尹文之第一義諦也。按"別宥"之說,見於《呂氏春秋·先識覽·去宥》之章。其言曰:"鄰父有與人鄰者,有枯梧樹。其鄰之父言梧樹之不善也,鄰人遽伐之。鄰父因請而以為薪,其人不說,曰:'鄰者,若此其險也!豈可為之鄰哉!'此有所宥也。夫請以為薪與勿請,此不可以疑枯梧樹之善與不善也。齊人有欲得金者,清旦被衣冠,往鬻金者之所;見人操金,攫而奪之。吏搏而束縛之,問曰:'人皆在焉!子攫人之金何故?'對曰:'殊不見人,徒見金耳!'此真大有所宥也。夫人有所宥者,固以晝為昏,以白為黑,以堯為桀,宥之為敗亦大矣!亡國之主,其皆甚有所宥耶,故凡人必別宥然後知;別宥,則能全其天矣。"畢沅謂"宥,疑與囿同":"囿"有"域之"之義(《詩·靈臺》"王在靈囿"傳:囿,所以域養鳥獸也。《國語·楚語》"王在靈囿"註:囿,域也)。而"別囿"云者,蓋別白其囿我者而不蔽於私之意。"伐梧"者疑言鄰父,"攫金"者不見人操,大抵迕於接物者,罔不有囿於私利之見者存。惟"別宥"而後知"尚同""兼愛",萬物交利,我亦不遺焉。故曰"接萬物以別宥為始"也。

尸子《廣澤篇》云:"料子貴別宥。"料子行事無聞,儻宋鈃、尹文之徒耶?吾觀宋鈃、尹文,惟"別宥"而後"為人"無患於"太多","自為"不嫌其"太少",曰:"請欲固置五升之飯足矣!先生恐不得飽!弟子雖飢,不忘天下。"惟"別宥"而後"以為無益於天下者,明之不如已";蓋所明而"無益於天下",則所見者小而遺者大。宥之未能別,可知也,故曰:"明之不如已。"莊子《逍遙遊》曰:"故夫知效一官,行比一鄉,德合一君而徵一國者,其自

二、墨翟　禽滑釐　宋鈃　尹文

視也亦若此矣！而宋榮子猶然笑之！"夫"知效一官，行比一鄉，德合一君而徵一國者"，非無所明也；然而所見者限於一官一隅之細，郭象註："亦猶鳥之自得於一方。"此亦有所"宥"也。故"宋榮子猶然笑之"，笑其見小而遺大也。宋榮子即宋鈃。韓非子《顯學篇》曰："宋榮子之議，設不鬥爭，取不隨仇，不羞囹圄，見侮不辱。"與此稱宋鈃"見侮不辱"同。"見侮不辱"，亦"別宥"之明效大驗也。惟"別宥"而後，內則"情欲寡淺"，外則"禁攻寢兵"。"以禁攻寢兵為外"，同於墨子之"非攻"；"以情欲寡淺為內"，本諸墨子之"節用"。宋鈃、尹文"小大精粗，其行適至是而止"。此宋鈃、尹文所以為墨者之支與流裔也。然而有不同者，墨者"日夜不休，以自苦為極"。宋鈃、尹文"日夜不休，曰我必得活"。蓋墨子救世而極以自苦，宋鈃、尹文養人而不忘足我，故以"我必得活""圖傲乎救世之士"也。"救世之士"，即指墨者之徒而言。墨者之徒，"以繩墨自矯而備世之急"，故命之曰"救世之士"。所以圖傲之者何？曰："人我之養，畢足而止""我必得活"；不如墨者之道"大觳"，"反天下之心，天下不堪"；此所為相圖傲也！

然則宋鈃、尹文者，儻有合於"內聖外王之道"者耶？曰："不然！'外王'而未能大通，'內聖'而未臻釋然。"何以言其然？觀於宋鈃、尹文，"不苟於人，不忮於衆，願天下之安寧以活民命""以聏合驩，以調海內請欲，置之以為主"，此宋鈃、尹文之願欲為"外王"也。然而"上說下教，雖天下不取，強聒而不舍""上下見厭而強見"，則是未能任萬物之自往也。曰："人我之養，畢足而止"，日夜不休，曰"我必得活哉"，圖傲乎救世之士哉！"救世"而不外遺"我"，以視墨翟之"大觳""使人憂愁""以自苦為極"，差為"達情"而"遂命"者；然而"以情欲寡淺為內"，則是純任

29

自然之未能也。"是故內聖外王之道，闇而不明，鬱而不發"，由於宋鈃、尹文之欲為"外王"而未能大通，欲為"內聖"而未臻釋然也。此則宋鈃、尹文之蔽也！荀子《非十二子篇》以宋鈃與墨翟同稱，蓋亦以為墨者之支與流裔也。

宋鈃著書不傳，其遺說略可考見於《孟子》《荀子》書者，亦惟"以禁攻寢兵為外，以情欲寡淺為內"兩義而已。《孟子·告子下》載"宋牼將之楚。孟子遇於石丘，曰：'先生將何之？'曰：'吾聞秦楚搆兵；我將見楚王，說而罷之。楚王不說；我將見秦王，說而罷之。二王我將有所遇焉。'"此"禁攻寢兵"之說也。由國家言之，則曰"禁攻寢兵"。由私人而言，則曰"見侮不辱"。荀子《正論篇》曰："子宋子曰：'明見侮之不辱，使人不鬬。人皆以見侮為辱，故鬬也；知見侮之為不辱，則不鬬矣！'"又曰："子宋子曰：'見侮不辱。'"此"見侮不辱"之教也。一言以蔽，之曰"非鬬"而已！至荀子《天論篇》曰："宋子有見於少，無見於多。"《正論篇》曰："子宋子曰：'人之情欲寡，而皆以已❶之情欲為多，是過也。'故率其羣徒，辯其談說，明其譬稱，將使人知情欲之寡也。"《解蔽篇》曰："宋子蔽於欲而不知得。"此言宋鈃之"情欲寡淺"也。荀子《正論篇》又曰："子宋子嚴然而好說，聚人徒，立師學，成文曲。"此言宋鈃之"上說下教"也。《漢書·藝文志》著《尹文子》一篇，在名家；註曰："說齊宣王，先公孫龍。師古曰：'劉向云：與宋鈃俱遊稷下。'"而世所傳《尹文子》書，析題《大道上篇》《大道下篇》，大指陳論治道，欲自處於虛靜，而萬事萬物，則一一綜核其實；其言出入黃老、申韓之間，與莊生所稱不類，疑非其眞

---

❶ "已"當為"己"。——編者註

也！其行事不可考見。《漢書·藝文志》又有《宋子十八篇》，在小說家註云："孫卿道宋子，其言黃老意。"或以為即宋鈃書。然吾觀李耳"無為自化，清淨自正"；而宋鈃"上說下教""為人太多"，何黃老意之有！而曰"其言黃老意"者，豈以"見侮不辱"同於道者之"卑弱以自持"，而"情欲寡淺"亦類道者之"清虛以自守"耶？

上論宋鈃、尹文。

三、彭蒙　田駢　慎到　　關尹　老聃

　　公而不當，易而無私，決然無主，趣物而不兩；不顧於慮，不謀於知，於物無擇，與之俱往；古之道術有在於是者。彭蒙、田駢、慎到聞其風而說之，齊萬物以為首，曰："天能覆之而不能載之，地能載之而不能覆之，大道能包之而不能辯之，知萬物皆有所可，有所不可。"故曰："選則不徧，教則不至，道則无遺者矣。"

　　是故慎到棄知去已❶而緣不得已，泠汰於物以為道理，曰："知不知，將薄知而後鄰傷之者也！"謑髁无任，而笑天下之尚賢也！縱脫无行，而非天下之大聖！椎拍輐斷，與物宛轉；舍是與非，苟可以免。不師知慮，不知前後，魏然而已矣！推而後行，曳而後往，若飄風之還，若羽之旋，若磨石之隧，全而無非，動靜無過，未嘗有罪。是何故？夫無知之物，無建已❷之患，無用知之累，動靜不離於理，是以終身無譽。故曰："至於若無知之物而已！無用賢聖！夫塊不失道！"豪傑相與笑之曰："慎到之道，非生人之行，而至死人之理！"適得怪焉。

　　田駢亦然，學於彭蒙，得不教焉。彭蒙之師曰："古之道人，至於莫之是莫之非而已矣！其風窢然，惡可而言！"常反人不見觀，而

---

❶❷　"已"當為"己"。——編者註

三、彭蒙　田駢　愼到　關尹　老聃

不免於魭斷。其所謂"道"非"道"，而所言之韙，不免於非！彭蒙、田駢、愼到不知"道"。雖然，概乎皆嘗有聞者也。

博按：彭蒙無可考。此篇云"田駢亦然，學於彭蒙"，則是彭蒙，田駢之師也。《漢書・藝文志》：道家有《田子》二十五篇。註云："名駢，齊人，游稷下，號天口駢。"法家有《愼子》四十二篇，註云："名到，先申韓，申韓稱之。"今《田子》書佚，獨傳《愼子》書《威德》《因循》《民雜》《德立》《君人》五篇。其書大旨欲因物理之當然，各定一法而守之，不求於法之外，亦不寬於法之中，則上下相安，可以清淨而治；然法所不行，勢必刑以齊之。道德之為刑名，此其樞機，所以申韓多稱之也。《史記・孟子荀卿列傳》曰："愼到，趙人；田駢，齊人。皆學黃老道德之術，因發明序其指意。"則是愼到、田駢者，道家之支與流裔；故莊子雖斥其"不知道"，而未嘗不許以"概乎皆嘗有聞"。莊子有《齊物》之論，曰："物固有所然，物固有所可。無物不然，無物不可。故為是舉莛與楹，厲與西施，恢恑憰怪，道通為一。"是故彭蒙、田駢、愼到"齊萬物以為首"，"知萬物皆有所可，有所不可"。

曰"選則不徧，教則不至，道則無遺"者，以"大道能包之而不能辯之也"。"萬物皆有所可，有所不可"，斯之謂"辯之"。大道而能"辯之"，則是道之有畛也。辯其是非，則有所"選"矣；辯其得失，則有所"教"矣；"選則不徧，教則不至"。若乃"道未始有封"，包是非，兼得失，豈以"辯之"為能乎？此其說亦在《齊物論》也。《齊物論》曰："古之人，其知有所至矣！惡乎至？有以為未始有物者，至矣，盡矣，不可以加矣！其次以為有物矣，而未始有封也！其次以為有封焉，而未始有是非也！是非之彰也，道之所以虧也！"夫道之虧，由於是非之彰，然必有是有非而後有所選；

33

有選斯有封，故曰"選則不徧"也。《齊物論》又曰："昭文之鼓琴也，師曠之枝策也，惠子之據梧也。三子之知幾乎！皆其盛者也！故載之末年！惟其好之也，以異於彼；其好之也，欲以明之。彼非所明而明之，故以堅白之昧終！而其子又以文之綸終！終身無成！若是而可謂成乎？雖我亦成也。若是而不可謂成？物與我無成也。"郭象註："言此三子，唯獨好其所明，明示衆人，欲使同乎我之所好，是猶對牛鼓簧耳！此三子雖求明於彼，彼竟不明。物皆自明而不明彼。若彼不明，卽謂不成？則萬物皆相與無成矣！故聖人不顯此以耀彼，不捨己而逐物；從而任之，各冥其所能，故曲成而不遺也。今三子欲以己之所好，明示於彼，不亦妄乎？"故曰"教則不至"也。《齊物論》又曰："道未始有封，言未始有常，為是而有畛也，請言其畛：有左有右，有倫有義，有分有辯，有競有爭，此之謂八德。"則是"辯"者道之"畛"也。"大道能包之而不能辯之"，"辯之"，則域於自封而所見有遺矣！曾是"無所不在"之道而若此乎！故曰"道則無遺"者矣。此彭蒙、田駢、慎到之宗莊子也。

老子"常使民無知無欲"（《老子》第三章），曰："愛民治國，能無知乎？"（《老子》第十章）"民之難治，以其知多。故以知治國，國之賊；不以知治國，國之福。"（《老子》第六十五章）"常使知者不敢為也。"（《老子》第三章）是故慎到棄知去己，而緣不得已，泠汰於物以為道理，曰："知不知，將薄知而後鄰傷之者也。"郭象註："謂知力淺，不知任其自然，故薄之而又鄰傷也"；解雖是而意未明。博按，《廣雅釋詁·三》曰："薄，迫也。鄰，近也。"莊子《齊物論》曰："知止其所不知，至矣！"郭象註："所不知者，皆性分之外也，故止於所知之內而至也。"儻強知所不知，不知之知，終不可至；將薄於不知之知，而知之性分，亦復鄰於傷矣！"而

三、彭蒙　田駢　慎到　關尹　老聃

後"之"後",疑當為"復",形近而誤。此之謂"知不知,將薄知而後鄰傷之"也。夫惟"無知之物,無建己之患,無用知之累""動靜不離於理",是以"泠汰於物以為道理"耳。老子"不尚賢,使民不爭"(《老子》第三章),是故慎到"謑髁無任,而笑天下之尚賢"也。老子"絕聖棄知"(《老子》第十九章),是故慎到"縱脫無行,而非天下之大聖"曰:"至於若無知之物而已,無用賢聖!夫塊不失道!"老子"行不言之教"(《老子》第二章),曰:"不言之教,無為之益,天下希及之。"(《老子》第四十三章)是故田駢"學於彭蒙,得不教焉"。此彭蒙、田駢、慎到之宗老子也。

要之,"不顧於慮,不謀於知,於物無擇,與之俱往"而已。既曰"不顧於慮,不謀於知,於物無擇,而與俱往"矣,則"無意無必,無固無我",故曰:"椎拍輐斷,與物宛轉。"《史記·絳侯周勃世家》"其椎少文如此",《集解》引韋昭曰:"椎,不撓曲,直至如椎。""椎"亦或"錐"之叚;"錐",器之銳者。老子曰:"揣而銳之不可長保。"(《老子》第九章)又曰:"曲則全。枉則直。"(《老子》第二十二章)故"椎"則拍之。《廣雅釋詁》云:"拍,擊也。""輐斷",即下文"魭斷"。"輐",疑車具之有稜者。"魭",疑魚體之有刺者。郭象註:"魭斷,無圭角也。"撓銳直,無圭角,而與物為宛轉。此老子所謂"挫其銳,解其紛,和其光,同其塵"者也。(《老子》第四章)故曰:"舍是與非,苟可以免,不師知慮,不知前後,魏然而已矣!推而後行,曳而後往,若飄風之還,若羽之旋,若磨石之隧";此之謂"椎拍輐斷,與物宛轉",卽"不顧於慮,不謀於知,於物無擇,而與俱往"之徵驗矣。

而卒之曰"常反人不見觀"者,蓋總承上文而言之。"見",卽《孟子·盡心上》"修身見於世"之"見";"觀",卽莊子《大宗

35

師》"以觀衆人之耳目"之"觀";其義皆訓示也。人以無所表見於世為患,而彭蒙、田駢、慎到則以自見為"建己之患";人以無所知為恥,而彭蒙、田駢、慎到則以"知不知"為"用知之累"。"棄知去己",常與人情相反,不欲有所見觀於世,故曰"常反人不見觀"也。然老子"知雄守雌""知白守黑""知榮守辱"(《老子》第二十八章),原無意必於去知,不過守雌、守黑、守辱,不肯予智自雄而已!至慎到則果於去知,自處以塊,曰:"至於若無知之物而已""塊不失道";夫"塊",則塊然無知之一物而已,奚有於"知雄""知白""知榮"者哉!故莊子雖以"概乎有聞"許之,而卒不許以"知道";何者?以其未能妙造自然,而不免於"魷斷"也。

夫以彭蒙、田駢、慎到之"於物無擇,與之俱往""棄知去己而緣不得已,泠汰於物以為道理""椎拍輐斷,與物宛轉",庶幾乎"德澤滂沛,任萬物之自往"者,殆莊子所謂"王德之人"耶?然而果於去知,"非生人之行而至死人之理"。則何"達情遂命"之與有?莊子不云乎:"聖也者,達於情而遂於命也。"則是彭蒙、田駢、慎到者,有志於"王"而卒虧為"聖",外似近"王"而內未盡"聖"也。荀子《非十二子篇》曰:"尚法而無法,下修而好作;上則取聽於上,下則取從於俗,終日言成文典,反紃察之,則偶然無所歸宿,是慎到、田駢也",又《天論篇》謂:"慎子有見於後,無見於先",正與莊子所謂"於物無擇""與之俱往"義相發矣!

上論彭蒙、田駢、慎到。

以本為精,以物為粗,以有積為不足,澹然獨與神明居;古之道術有在於是者。關尹、老聃聞其風而說之,建之以常無有,主之以太一;以濡弱謙下為表,以空虛不毀萬物為實。

博按,《史記·老莊申韓列傳》曰:"老子修道德,其學以自隱

三、彭蒙　田駢　慎到　　關尹　老聃

無名為務。居周久之，見周之衰，乃遂去，至關。關令尹喜曰：'子將隱矣！彊為我著書！'於是老子乃著書上下篇，言道德之意，五千餘言而去；莫知其所終。"《漢書·藝文志》：道家有《老子鄰氏經傳》四篇，《老子傅氏經說》三十七篇，《老子徐氏經說》六篇，劉向《說老子》四篇，而《老子》書不著錄。有《關尹子》九篇，註云："關尹子，名喜。老子過關，喜去吏而從之。"疑關尹，老聃之弟子也；而此篇以關尹列老聃之前，不曉何故？《隋書·經籍志》《舊唐書·經籍志》《新唐書·藝文志》皆不載關尹子，知原本久佚；而世所傳《關尹子》一卷，乃出宋人依託也。

"以本為精，以物為粗"，則是純以神行，不閡於迹者也，宜若"澹然獨與神明居"矣！而云"以有積為不足"者，非意不足於"有積"也；"有積"而以"不足"用之，老子所謂"道沖而用之或不盈"者也(《老子》第四章)。"沖"者，充之叚。"道，充而用之或不盈"，即"大盈若沖"之意(《老子》第四十五章)。"而"者，詞之反也。"充"與"不盈"相反其意。道之大盈為"充"。"古之人其備乎！配神明，醇天地，育萬物，和天下，澤及百姓，明於本數，係於末度，六通四辟，小大精粗，其運無乎不在"，此之謂"道充"，亦此之謂"有積"。然大盈之道，而以不盈用之，此之謂"以有積為不足"。"以"之為言用也。《老子》書二十章"眾人皆有以"，七十八章"其無以易之"，王弼註皆曰："以，用也。""有積"者，不遺"物"之"粗"；而"以有積為不足"者，則反"本"之"精"；承上二語而神明其用也。儻如郭象註云"寄之天下，乃有餘也"，則若真"以有積為不足"矣！道家者言，無此呆諦也！博按，老子曰："企者不立，跨者不行；自見者不明，自是者不彰；自伐者無功，自矜者不長。其在道也，曰餘食贅行！"(《老子》第二十四章）此"以有積為有積"者也。"物或惡之，故有道者不處！"（《老子》第二十四章）故曰："知其雄，守其雌，為天下谿；為天下谿，常德不離，復歸於嬰兒。知其白，守其黑，為天下式；為天下式，常德不忒，復歸於無極。知其榮，守其辱，為天下谷；為天下谷，常德乃足，復歸於樸。"（《老子》第二十八章）夫"知雄"而守之以"雌"，"知白"而守之以"黑"，"知榮"而守之以"辱"，此之謂"以有積為不足"。"知雄""知白""知榮"，"有積"也；守之以"雌""黑""辱"，"以有積為不足"也。故曰："雖有榮觀，燕處超然。"（《老子》第二十六章）使"以不足為不足"，則"雌"矣！"黑"矣！"辱"矣！焉足"為天下式"乎！故曰："聖人之治，虛其心，實其腹，弱其志，強其骨。"（《老子》第三章）使"以有積為有積"，則"富貴而驕，自遺其咎"（《老子》第九章）"強梁者不得其死"（《老子》第四十二章）矣！故曰："持而盈之，不如其已。"（《老子》第九章）。而荀子則譏之曰："老子有見於詘，無見於信。"（《荀子·天論篇》）。不知老子者，蓋致詘以全其信，而大信以示之詘者也。故曰："大成若缺，其用不弊；大盈若沖，其用不窮；大直若詘，大巧若拙，大辯若訥。"（《老子》第四十五章）此之謂"以有積為不足"也；曾是"有見於詘"而"無見於信"者乎？使"有見於詘"而"無見於信"，則是"以不足為不足"也！曾是"以有積為不足"之老子而出此乎！今觀關尹、老聃"建之以常無有"，斯能"以有積為不足"矣；"主之以太一"，斯能"以本為精，以物為粗"矣。

夫"建之以常無有"者，老子知"道"之"常"；"主之以太一"者，老子抱"德"之"一"。兩語者，足以賅五千言之奧旨矣！按，老子曰："載營魄抱一，能無離乎？"（《老子》第十章）"昔之

三、彭蒙　田駢　愼到　關尹　老聃

得一者：天得一以清，地得一以寧，神得一以靈，谷得一以盈，萬物得一以生，侯王得一以為天下貞。"（《老子》第三十九章）。故曰："主之以太一"也。然德之不得不主"太一"，其故由於道之"常無有"！老子曰："視之不見名曰夷，聽之不聞名曰希，搏之不得名曰微。此三者不可致詰，故混而為一。"（《老子》第十四章）則是非德之主於"太一"，不足以明道之"常無有"也。雖然，所謂"建之以常無有"者，非徒建"無"之一諦以明道之"常"，乃建"無"與"非無"兩義以明道之"常"；斯其所以為"玄"也。

魏晉之士，好揭"常無"一義，以闡道德，庸足為知老子乎！《老子》書開宗明義之第一言曰："道可道，非常道。名可名，非常名。"（《老子》第一章）。俞樾《諸子平議》謂"常與尚古通。尚者，上也。常道猶之言上道也。"不知"常"者絕對不變之稱，韓非子《解老篇》謂："物之一存一亡，乍死乍生，初盛而後衰者，不可謂常。唯夫與天地之剖判也俱生，至天地之消散也不死不衰者，謂常。而常者，無攸易。"五千言之所反覆闡明者，"知常"之第一義諦也。夫"抱一"蘄於"知常"；"知常"要以"觀復"，而"觀復"必先"守靜"，故曰："致虛極，守靜篤。萬物並作，吾以觀復。夫物芸芸，各復歸其根。歸根曰靜，是謂復命。復命曰常，知常曰明。不知常，妄作凶。"（《老子》第十六章）"道常無名。"（《老子》第三十二章）"道常無為，而無不為。"（《老子》第三十七章）"用其光，復歸其明，無遺身殃，是謂習常。"（《老子》第五十二章）"知和曰常，知常曰明。"（《老子》第五十五章）一篇之中，三致意於斯者也。使循"常""尚"之通叚，而讀"常道"為"上道"，則"知常""習常""道常無名""道常無為"，如此之類，更作何解？然則"道之常"何耶？以"有"為"道之常"耶？則

39

"無名，天地之始。"(《老子》第一章）以"無"為"道之常"耶？則"有名，萬物之母。"(《老子》第一章）若以"不可道"者謂是"常道"，"不可名"者謂是"常名"，則滯於"常無"，活句翻成死句矣！道德五千言，無一而非活句，老子所謂"正言若反"也(《老子》第七十八章）。不知此義，何能讀五千言！故曰："常無欲以觀其妙，常有欲以觀其徼。此兩者同出而異名，同謂之玄。"(《老子》第一章）。近儒嚴復為詁之曰："玄，懸也，凡物理之所通攝而不滯於物者，皆玄也。"

夫建"常無"一義以觀道"妙"，而明"有"之非眞"有"，又建"常有"一諦以觀道"徼"，而明"無"之非眞"無"；然後通攝有無而無所滯，斯之謂"玄"。"玄"之為言，"常無有"也。夫"建之以常無有"者，所以立道之大本；而"以有積為不足"者，所以明道之大用。惟"建之以常無有"，故"以空虛不毀萬物為實"；惟"以有積為不足"，故"以濡弱謙下為表"。"表"之為言，襲於外也。"大盈若沖，大直若詘，大巧若拙，大辯若訥"，此之謂"以濡弱謙下為表"也。若云"知雄""知白""知榮"，則心之知，固未同於"濡弱謙下"矣！此"濡弱謙下"之所以為"表"也！至"以空虛不毀萬物為實"之明其為"建之以常無有"之證果者，蓋"空虛"，無也；"不毀萬物"，有也。"以空虛不毀萬物為實"，"建之以常無有"也，實者有眞實不虛之意焉。

關尹曰："在已❶無居，形物自著。其動若水，其靜若鏡，其應若響；芴乎若亡，寂乎若清。同焉者和，得焉者失，未嘗先人而常隨人。"

---

❶ "已"當為"己"。——編者註

三、彭蒙　田駢　慎到　關尹　老聃

老聃曰："知其雄，守其雌，為天下谿。知其白，守其辱，為天下谷。"人皆取先，己獨取後；曰"受天下之垢"。人皆取實，己獨取虛；無藏也故有餘。巋然而有餘，其行身也徐而不費，無為也而笑巧。人皆求福，己獨曲全；曰"苟免於咎"。以深為根，以約為紀；曰："堅則毀矣！銳則挫矣！"常寬容於物，不削於人。可謂至極！

關尹、老聃乎！古之博大眞人哉！

博按：莊子此篇，論列諸家，獨許關尹、老聃為博大眞人者，特以關尹、老聃悅古道術之有在，而明發"內聖外王之道"，有不同於諸家者耳！惟"博大"乃"王"，惟"眞人"斯"聖"。關尹曰："在己❶無居，形物自著。其動若水，其靜若鏡，其應若響。芴乎若亡，寂乎若清。"此關尹之所以"內通於聖"。然而"同焉者和，得焉者失，未嘗先人而常隨人"，則又關尹之所以"外而成王"也！然而，未若老聃之"可謂至極"也！故於關尹尚略而稱老聃獨詳！蓋"知雄""知白"，此老聃之所以"通於聖"！然而"守雌""守辱""為天下谿""為天下谷"，則又老聃之所以"外而成王"也。"人皆取先，己獨取後，曰'受天下之垢'""人皆取實，己獨取虛，無藏也故有餘"，此老聃之所以"適為王"！然"巋然而有餘，其行身也徐而不費，無為也而笑巧"，則又老聃之所以"內而證聖"也！"人皆求福，己獨曲全，曰'苟免於咎。'以深為根，以約為紀，曰：'堅則毀矣！銳則挫矣'"，此老聃之所由"證於聖"。然而"常寬容於物，不削於人"，則又老聃之所以"外適為王"也！斯可謂明發"內聖外王之道"而至其極者矣！

---

❶ "已"當為"己"。——編者註

獨荀子之論愼子曰："有見於後，無見於先。"（見《荀子·天論篇》）而此篇之述，老子曰："人皆取先，己獨取後，曰：'受天下之垢。'"語相類而意不同。何者？蓋愼到不知道而概嘗有聞"有見於後，無見於先"；其所謂道，非老子之道也。老子曰："聖人後其身而身先。"（《老子》第七章）又曰："江海所以能為百谷王者，以其善下之；故能為百谷王。是以欲上民，必以言下之；欲先民，必以身後之。是以聖人處上而民不重，處前而民不害；是以天下樂推而不厭。以其不爭，故天下莫能與之爭！"（《老子》第六十六章）則是老子之取後者，蓋以退為進之法，非真甘心落人後也。故曰："受國之垢，是謂社稷主。受國不祥，是為天下王。"（《老子》第七十八章）老子"正言若反"，而愼子"概嘗有聞"而"不知道"，遂致"有見於後，無見於先"；"其所謂道非道，而所言之讎不免於非"，卽此可以類推耳！

　　上論關尹、老聃。

四、莊周　惠施　公孫龍

　　芴漠無形，變化無常。死與生與？天地並與？神明往與？芒乎何之？忽乎何適？萬物畢羅。莫足以歸。古之道術有在於是者。莊周聞其風而悅之，以謬悠之說，荒唐之言，無端崖之辭，時恣縱而不儻，不以觭見之也。以天下為沈濁，不可與莊語；以卮言為曼衍，以重言為真，以寓言為廣。獨與天地精神往來，而不敖倪於萬物，不譴是非，以與世俗處。其書雖瓌瑋而連犿無傷也！其辭雖參差而諔詭可觀！彼其充實，不可以已！上與造物者遊；而下與外死生無終始者為友。其於本也，弘大而辟，深閎而肆！其於宗也，可謂稠適而上遂矣！雖然，其應於化而解於物也，其理不竭，其來不蛻！芒乎昧乎，未之盡者！

　　博按：莊周自明於"古之道術"亦有在，以別出於老子；然其要本歸於老子之言。此老子之所以稱"博大真人"也！老子曰："視之不見名曰夷，聽之不聞名曰希，搏之不得名曰微。此三者不可致詰，故混而為一。其上不皦，其下不昧；繩繩不可名，復歸於無物。是謂無狀之狀，無物之象。是謂惚恍！迎之不見其首。隨之不見其後。"（《老子》第十四章）此"芴漠無形"之說也。老子又曰："孔德之容，惟道是從。道之為物，惟恍惟惚。惚兮恍兮？其中有象。恍兮惚兮？其中有物。窈兮冥兮？其中有精"（《老子》第二十一章），此"變化無常"之說也。

其曰："死與生與？天地並與？神明往與？芒乎何之？忽乎何適？"郭象注曰："任化也。無意趣也。""芒乎"者，老子之所謂"恍"；"忽乎"者，老子之所謂"惚"。老子言"恍惚"，莊生謂"芒忽"，"芒忽"二字連用，亦見《至樂篇》；特此言"芒乎""忽乎"，而《至樂篇》言"芒芴"，"忽""芴"字異耳。而曰"芒乎何之，忽乎何適"者，《老子》書所謂"孔德之容，惟道是從"（《老子》第二十一章），而"道之尊，德之貴，夫莫之命而常自然"（《老子》第五十一章）者也。老子又曰："故大制不割。將欲取天下而為之，吾見其不得已！天下神器不可為也！為者敗之！執者失之！故物或行或隨，或噓或吹，或強或羸，或挫或墮。"（《老子》第二十八章、第二十九章）又曰："大道氾兮其可左右，萬物恃之生焉而不辭，功成不名有。衣養萬物而不為主，常無欲可名於小；萬物歸焉而不為主，可名為大。以其終不自為大，故能成其大。"（《老子》第三十四章）此"萬物畢羅，莫足以歸"之說也。一言以蔽之，曰"道法自然"、曰"絕聖棄知"而已。"古之道術有在於是者"，蓋莊周以自明其學之所宗，而非所以自明其學也。

余觀莊周，所以自明其學者，特詳造辭之法與著書之趣，所不同於諸家者也。《史記·老莊申韓列傳》稱："莊子著書十餘萬言，大抵率寓言"，而此篇稱"以謬悠之說，荒唐之言，無端崖之辭，時恣縱而不儻，不以觭見之也。"按"觭"者，畸之異文，即奇偶之奇。《說文·可部》云："奇不偶也。""以觭見之"，即"知其一而不知其二"之意。上文云："天下多得一察焉以自好，譬如耳目鼻口，皆有所明，不能相通。"此"以觭見之"之蔽也！莊生自云："以謬悠之說，荒唐之言，無端崖之辭，時恣縱而不儻。"如"以觭見之"則"謬悠"矣、"荒唐"矣、"無端崖之辭""縱恣而不儻"

矣！老子曰："正言若反。"（《老子》第七十八章）此"不以觭見之"之說也。博故謂：不明"正言若反"之旨者，不足以讀老子之書；而不明"不以觭見之"之說者，亦不足以發莊生之意也。惟明乎"不以觭見之"之說，而後"以卮言為曼衍，以重言為真，以寓言為廣"，皆所不害。《莊子·寓言篇》曰："寓言十九，重言十七。卮言日出，和以天倪。寓言十九，藉外論之。親父不為其子媒。親父譽之，不若非其父者也。非吾罪也，人之罪也；與己同則應，不與己同則反。同於己為是之，異於己為非之。重言十七，所以已言也，是為耆艾。年先矣而無經緯本末以期年耆者，是非先也。人而無以先人，無人道也；人而無人道，是之謂陳人。卮言日出，和以天倪，因以曼衍，所以窮年。"故曰："以卮言為曼衍，以重言為真，以寓言為廣。"郭象註："寓言，寄之他人。則十言而九見信。""重言，世之所重，則十言而七見信。""卮言"者，"卮滿則傾，空則仰，非持故也。況之於言，因物隨變，惟彼之從，故曰日世、曰出，謂日新也。日新，則盡其自然之分；自然之分盡，則和也。"要之，言者毋膠於一己之見，而強天下之我信；但寄當於天下之所信，而純任乎天倪之和。《齊物論》曰"莫若以明"，此篇稱"不以觭見之"，所謂不同，歸趣一也。所以然者，"以天下為沉濁，不可與莊語"也。儻"與莊語"，則以天下之沉濁；聞者胥"以觭見之"，而是非之辯紛，異同之見生矣！此莊生所以自明其造辭之法也。

至其自明著書之趣，則曰"獨與天地精神往來"，"上與造物者遊，而下與外死生無終始者為友"；此《逍遙遊》之指，"內聖之道"也。然而"不敖倪於萬物，不譴是非以與世俗處"，此《齊物論》之指，"外王之道"也。《莊子·德充符》曰："有人之形，無人之情。有人之形，故群於人；無人之情，故是非不得於身。眇乎小哉,所以屬於人也;謷乎大哉,獨成其天"!自來解者不得其旨。不知此莊生所以自徵其明發"內聖外王之道",而見面盎背其象為德充之符。"有人之形,故羣於人",此所以"不敖倪於萬物,不譴是非以與世俗處"也。"無人之情,故是非不得於身",此所為"獨與天地精神往來""上與造物者遊,而下與外死生無終始者為友"也。故曰:"眇乎小哉,所以屬於人也;謷乎大哉,獨成其天。"要而言之,曰"各得其得""自適其適"而已。不執我之得,以譴是非而敖倪人之得,故"羣於人";不徇人之得,以斂我之得,故"是非不得於身"。使是非得於身,而有人之情焉。則是《駢拇篇》所謂"適人之適而不自適其適,雖盜跖與伯夷,是同為淫僻也"。非所以"獨成其天"也。"其於本也,弘大而闢,深閎而肆;其於宗也,可謂稠適而上遂矣!""本",即"以本為精,以物為粗"之"本"。"宗",即"不離於宗,謂之天人""以天為宗"之"宗"。夫惟"以本為精""以天為宗",而後"獨與天地精神往來",內則"聖",外則"王"也。莊周之能明發"內聖外王之道",與關尹、老聃同;然獨許關尹、老聃為"博大真人",而自以為"應化解物,理不竭,來不蛻,芒乎昧乎,未之盡者"。夫惟"應化"者,乃能外適為"王","不譴是非以與世俗處";惟"解物"者,乃能內通於"聖","獨與天地精神往來"。

曰"芒乎昧乎,未之盡者",謂未盡"芒乎昧乎"之道。"芒乎"者,老子之所謂"恍";"昧乎"者,老子之所謂"惚"。老子不云乎:"道之為物,惟恍惟惚。""芒乎昧乎",蓋古之道術所稱"芴漠無形,變化無常"者也。"芴漠無形",則"昧乎"視之其無見矣!"變化無常",則"芒乎"見之其非真矣!所以未盡"芒乎昧乎"之道者,則以未能"應於化而解於物"也。"其理不竭,其來不蛻"兩語，當連上"應於化而解於物"句讀。《說文·立部》："竭，負舉也。"《禮記·禮運》："五行之動，迭相竭也。"《釋文》："竭，本亦作揭。"《廣雅釋詁》："揭，舉也。""其理不竭"，謂其"應於化而解於物"，尚未能理足辭舉也，故曰："其理不竭。"而"其來不蛻"之"蛻"字，正承"應於化而解於物"而言，可見莊子用字之妙。《說文·蟲部》："蛻，蛇蟬所解皮。"夏侯湛《東方朔畫贊序》云："蟬蛻龍變，棄俗發仙。""其來不蛻"謂未能解脫一切，過化存神也。換言之曰："未能如關尹、老聃之'以本為精，以物為粗，以有積為不足，澹然獨與神明居'爾！"夫"以本為精"，則"應於化"矣！"以物為粗"，則"解於物"矣。"應於化而解於物"，則盡"芒乎昧乎"之道，而能以"不足"用其"有積""澹然獨與神明居"矣！此關尹、老聃之所以為"博大真人"，而莊生未以自許也！

上論莊周。

惠施多方，其書五車，其道舛駁，其言也不中，歷物之意。

博按：此篇以惠施次莊周之後，明惠施為道者之旁門；猶次宋鈃於墨翟之後，明宋鈃為墨學之支流。以故宋鈃之說教，獨可證之於《墨子》書；而惠施之多方，亦可說之以《莊子》書。何者？其道術出於同也。《漢書·藝文志》：名家，有《惠子》一篇；註云："名施，與莊子並時。"其行事不少概見，獨《莊子》書屢稱不一稱；而其中有可以考見莊惠二人之交誼，而證《漢志》"與莊子並時"之說者。《逍遙遊》兩著"惠子謂莊子曰"，以規莊之言大而無用。《秋水》敘莊子與惠子之遊濠梁，以辯魚樂之知不知。而《徐無鬼》則敘莊子送葬，過惠子之墓，顧謂從者曰："郢人堊慢其鼻端，若蠅翼，使匠石斲之。匠石運斤成風，聽而斲之。盡堊而鼻不

47

傷。郢人立不失容。宋元君聞之，召匠石曰：'嘗試為寡人為之。'匠石曰：'臣則嘗能斲之；雖然，臣之質死久矣！'自夫子之死也，吾無以為質矣！吾無與言之矣！"郭象註："非夫不動之質、忘言之對，則雖至言、妙斲，而無所用之。"此可以考見莊惠二人之交誼，而證《漢志》"與莊子並時"之說也。至《德充符》則有規惠施之辭曰："道與之貌，天與之形，無以好惡內傷其身！今子外乎子之神，勞乎子之精，倚樹而吟，據槁梧而瞑。天選子之形，子以堅白鳴！"蓋彭蒙、田駢、慎到概嘗聞道，而"棄知""去已"❶ 之太甚；而惠施則舛駁乎道，"厤物之意"而不免，"用知之累"。《釋文》："厤，古歷字，本亦作歷物之意，分別歷說之。"下文所謂"徧為萬物說"也。莊生之道，"以本為精""以天為宗"，而致一於老子之"守靜篤"（《老子》第十六章），"萬物無足以鐃心"（《莊子·天道篇》），"一而不變，靜之至也"（《莊子·刻意篇》）。而惠施"不能以此自寧"，"徧為萬物說"，"歷物之意"。然則莊生抱一，惠施逐物；以故惠規莊為"無用"，而莊譏惠之"多方"也。曰"惠施多方，其書五車，其道舛駁，其言也不中"，"不中"者，不中乎"道"，卽"舛駁"也。然推惠施"厤物之意"，其大指在明萬物之汎愛，本天地之一體，亦與莊生"抱一"之指無殊；要可索解於《莊子》書耳！世儒好引墨子《經》《經說》以說惠施之厤物，謂為祖述墨學；強為附會，非其本眞也！

曰："**至大無外，謂之大一；至小無內，謂之小一。無厚不可積也，其大千里。**"❷

博按：此卽"聖有所生，王有所成，皆原於一"之意。莊子

---

❶ "已"當為"己"。——編者註
❷ 以下從"天興地卑"始，至"氾愛萬物，天地一體也"，均為惠施所言。——編者註

四、莊周　惠施　公孫龍

《天地》引《記》曰："通於一而萬事畢。""大一"，"小一"，非二"一"也。"小一"者，"大一"之分；"大一"者，"小一"之積。"其大千里"，即"不可積"之"無厚"，繩繩以積千里。《釋文》引司馬曰："苟其可積，何待千里"；豈非所謂"至大無外"者乎？"無厚不可積也"，豈非所謂"至小無內"者乎？後二語，即承前二語而申其指也。莊子《知北游》曰："六合為巨，未離其內；秋毫為小，待之成體。"義與惠施相發。夫"六合為巨，未離其內"，豈非所謂"至大無外"者乎？"秋毫為小"，豈非所謂"至小無內"者乎？然而"六合"之"巨"，必待"秋毫"之"小"以成體；猶之"千里"之"大"，必繩"不可積"之"無厚"以為積。故曰："有實而無乎處者，宇也。"（見莊子《庚桑楚》）何謂"有實"？曰："有所出而無竅者，有實。"（見莊子《庚桑楚》）此所謂"至小無內"者也。"無內"故"無竅"，然而"無乎處"，則又"至大無外"矣！自惠施觀之，則見天地之一體；自莊生論之，則知"內聖""外王"之"原於一"。惟惠施以形體論，偏於惟物；而莊生以聖王論，證以惟心耳。

天與地卑，山與澤平。

博按：此亦以證"天地一體"之義也。《釋文》曰："卑如字，又音婢。李云：'以地比天，則地卑於天。若宇宙之高，則天地皆卑；天地皆卑，則山與澤平矣。'"按"卑"字或當作"比"，涉音近而譌也。荀子《不苟篇》曰："山淵平，天地比，是說之難持者也，而惠施、鄧析能之。"楊倞註引此篇《釋文》，而重伸其指曰："比，謂齊等也。或曰：'天無實形，地之上空虛者皆天也；是天地長親比相隨，無天高地下之殊也。在高山，則天亦高；在深泉，則天亦下。故曰天地比。地去天遠近皆相似，是山澤平也。'"其說亦通。

49

日方中方睨，物方生方死。

博按：此所以明道之"周行而不殆"，而"有""無""死""生"之為"一守"也。兩語重後一語，"日方中方睨"不過借以顯"物方生方死"之亦有然。莊子書之所諄諄，一篇之中，三致意於斯者也。莊子《齊物論》曰："方生方死，方死方生。"何以知"物方生方死"可以"日方中方睨"顯之？莊子《田子方》曰："日出東方而入於西極。萬物莫不比方，有目有趾者待是而後成功；是出則存，是入則亡。萬物亦然。有待也而死，有待也而生，吾一受其成形而不化以待盡。效物而動，日夜無隙而不知其所終，薰然其成形，知命不能規乎其前。丘以是日徂。"又曰："消息盈虛，一晦一明，日改月化，日有所為而莫見其功。生有所乎萌，死有所乎歸，始終相反乎無端，而莫知其所窮。"此"日方中方睨，物方生方死"之說也。莊子《至樂》曰："莊子妻死。惠子弔之。莊子則方箕踞鼓盆而歌。惠子曰：'與人居長子老，身死不哭亦足矣！又鼓盆而歌，不亦甚乎！'莊子曰：'不然。是其始死也，我獨何能無概然！察其始而本無生；非徒無生也，而本無形；非徒無形也，而本無氣。雜乎芒芴之間，變而有氣，氣變而有形，形變而有生；今又變而之死，是與為春秋冬夏四時行也。人且偃然寢於巨室，而我噭噭然隨而哭之，自以為不通乎命，故止也。'"此則莊周深明物之"方生方死，方死方生"，而忘情於哀樂，遣意於得喪者也。故曰："有長而無本剽者，宙也。有乎生，有乎死，有乎出，有乎入；入出而無見其形，是謂天門。天門者，無有也。萬物出乎無有。有不能以有為有，必出乎無有；而無有一無有，聖人藏乎是。古之人其知有所至矣！惡乎至？有以為未始有物者，至矣盡矣！弗可以加矣！其次以為有物矣，將以生為喪也，以死為反也，是以分已！其次曰始無有，既而有生，生俄而死，以無有為首，以生為體，以死為尻。孰知有無死生之一守者，吾與之為友！是三者雖異，公族也。"（《莊子·庚桑楚》）故曰"方生方死，方死方生"也。

大同而與小同異，此之謂小同異；萬物畢同畢異，此之謂大同異。

博按：此道家同異之論，莊周所以明"齊物"者也。當以《莊子》書明之：《莊子》書之論齊物者，自《齊物論》而外，莫如《知北遊》之言辯而确。其辭曰："物物者與物無際；而物有際者，所謂物際者也。不際之際，際之不際者也。"夫"與物無際"，斯"大同"矣；"而物有際"，則"小同"矣。"物物者與物無際而物有際"，則是"大同而與小同異，此之謂小同異"矣，則是同不可以終同也。故莫如"不際之際，際之不際"。"不際之際"，可以賅萬物之畢同矣；"際之不際"，可以知萬物之畢異矣。故《德充符》引仲尼曰："自其異者視之，肝膽楚越也；自其同者視之，萬物皆一也。"故曰："萬物畢同畢異，此之謂大同異。"

南方無窮而有窮。

博按：此亦"不際之際，際之不際"之意。"有窮"者，所見者小，"際之不際"也；"無窮"者，大宇之廣，"不際之際"也。莊子《則陽》載魏瑩與田侯牟約。田侯牟背之。魏瑩怒，將使人刺之。惠子聞之而見戴晉人。戴晉人曰："有所謂蝸者，君知之乎？"曰："然。""有國於蝸之左角者曰觸氏，有國於蝸之右角者曰蠻氏。時相與爭地而戰，伏尸數萬，逐北旬有五日而後反。"君曰："噫！其虛言歟？"曰："臣請為君實之：君以意在四方上下有窮乎？"君曰："無窮。"曰："知遊心於無窮，而反在通達之國，若存若亡乎？"君曰："然。"曰："通達之中有魏，於魏中有梁，於梁中有王，王與蠻氏有辯乎？"君曰："無辯。"客出而君惝然若有亡也！郭象註："王與蠻氏，俱有限之物耳！有限，則不問大小，俱不得與無窮者計也。雖復天地，共在無窮之中，皆蔑如也。況魏中之梁，梁中之王而足爭哉？"然而爭，則是所見之有窮也！"南方無窮而有窮"，亦尋常咫尺之見耳！獨言南方，舉一隅，可以三隅反矣！

今日適越而昔來。

博按：此語亦見莊子。莊子《齊物論》曰："未成乎心而有是非，是今日適越而昔至也。"《釋文》："昔至，崔云：'昔，夕也。'向云：'昔者，昨日之謂也。'"今日適越，昨日何由至哉？思適越時，心已先到，猶之是非先成乎心也。南方之廣漠，本無窮也；而曰"有窮"者，限於知也。旅人之適越，在今日也；而云"昔來"者，心先馳也。一以證心量之狹，不足以盡大宇之廣；一以見行程之遲，不足以稱心馳之速。兩者之為事不同，然要以"齊物之意"，以見意之懸殊於物，而"知"之不可恃則一耳！

連環可解也。我知天下之中央，燕之北，越之南，是也。

博按：此亦可以明惠施為莊學之別出。莊周每好以連環喻道。惟道圜轉若環，故隨所皆中，不論"燕之北，越之南"。下三語，卽申第一語"連環可解"之指。我何以知"天下之中央""燕之北，越之南，是也"？則以解"連環"也。夫"連環"無端，所行為始；天下無方，所在為中。莊子《齊物論》曰："彼是莫得其偶，謂之道樞。樞始得其環中，以應無窮。"《則陽》曰："冉相氏得其環中以隨成，與物無終無始，無幾無時。"《寓言》曰："萬物皆種，以不同形相禪；始卒若環，莫得其倫，是謂天均。天均者，天倪也。"明乎"天倪"，則"連環"可解矣！

四、莊周　惠施　公孫龍

氾愛萬物，天地一體也。

博按：此為道家者言之究竟義，故惠施多方，"厤物之意"，亦以此為結穴也。老子曰："視之不見名曰夷，聽之不聞名曰希，搏之不得名曰微。此三者不可致詰，故混而為一。"（《老子》第十四章）又曰："道生一，一生二，二生三，三生萬物。"（《老子》第四十二章）此老子之言"氾愛萬物，天地一體"也。莊子《齊物論》曰："天地與我並生，而萬物與我為一。"又《秋水》曰："以道觀之，何貴何賤？是謂反衍。無拘而志，與道大蹇。何少何多？是謂謝施。無一而行，與道參差。嚴乎若國之有君，其無私德！繇繇乎若祭之有社，其無私福！泛泛乎其若四方之無窮，其無所畛域！兼懷萬物，其孰承翼！是謂無方。萬物一齊，孰短孰長！"又《田子方》曰："天下也者，萬物之所一也。得其所一而同焉，則四支百體，將為塵垢，而死生終始，將為晝夜，而莫之能滑；而況得喪禍福之所介乎？"此莊子之言"氾愛萬物，天地一體"也。苟明天地之一體，致氾愛於萬物，則衆生放乎逍遙，物論任其大齊矣！

惠施以此為大觀於天下而曉辯者，天下之辯者相與樂之。

博按：此即莊子《德充符》莊子謂惠子曰"子以堅白鳴"者也。"以此為大觀於天下而曉辯者"，即"以堅白鳴"之意。"天下之辯者"，即指下文所稱"桓團、公孫龍辯者之徒"。"相與樂之"，即樂惠施之所曉。而惠施為道者之旁門，故"桓團、公孫龍辯者之徒"，其言亦多宗惠施而出入於道家者言。

卵有毛。

博按：此即惠施大同異之所謂"萬物畢同"。《說文·羽部》："羽，鳥長毛也。"《毛部》："毛，眉髮之屬，及獸毛也。"鳥之卵生，不同於獸之胎生，而有毛則一。然鳥之毛曰羽。不正名曰羽而曰毛者，《釋名》："毛，貌也，冒也，在表；所以別形貌，自覆冒也。"羽之形不同於毛，而所被在表；其用在別形貌，自覆冒，則無所不同於毛。故不恤以貽生之"毛"繫之卵生之"有"，而證萬物之畢同。莊子《德充符》曰："自其同者視之，萬物皆一也"；此其適例矣。

雞三足。

《釋文》引司馬云："雞兩足，所以行，而非動也；故行由足發，動由神御。今雞雖兩足，須神而行，故曰三足也。"今按，如司馬之說，雞以兩足，兼有一神，故云三；此其說本莊子也，可以《莊子》書明之。（一）《養生主》曰："臣以神遇而不以目視，官知止而神欲行。"今雞雖兩足，則是知止之官也；而發動則在欲行之神，故又增一而為三也。（二）《外物》曰："目徹為明，耳徹為聰，鼻徹為顫，口徹為甘，心徹為知，知徹為德。凡道不欲壅，壅則哽，哽而不止則跈，跈則眾害生。物之有知者恃息，其不殷非天之罪。天之穿之，日夜無降；人則顧塞其竇。胞有重閬。心有天遊。室無空虛，則婦姑勃谿。心無天遊，則六鑿相攘。大林丘山之善於人也，亦神者不勝。"郭象註："自然之理，有寄物而通也。""神欲行"，則"心有天遊"矣。夫"心無天遊，則六鑿相攘"。"目""耳""鼻""口"四者，知止之官；"官知止"，則是"欲壅"也。"欲壅"，則非"道"也。至目徹所見之物而為明，耳徹所聽之物而為聰，鼻徹所嗅之物而為顫，口徹所嘗之物而為甘；此所謂"以神遇"而不以官接也。析而言之，曰："目徹為明，耳徹為聰，鼻徹為顫，口徹為甘。"合而言之，曰："心徹為知。""知徹"，則得我之為德，而"心有天遊"，神馭以行矣。故曰："雞雖兩足，須神而行。"由"雞三足"之說推之，則臧可以三耳。胡三省《通鑑註》："一說：

四、莊周　惠施　公孫龍

'耳主聽。兩耳，形也，兼聽而言，可得為三。'"兩耳者，知止之官；聽者，欲行之神。而知止之官，必藉欲行之神以御，故又增一而為三耳也。推之"目徹為明""鼻徹為顫""口徹為甘"，莫不皆然。

然"神"也者，莊子以之為養生主，而辨者之言所"見離"也。《公孫龍子‧堅白論》曰："火與目不見而神見。神不見而見離。"解之者曰："人謂目能見物，而目以因火見；是目不能見，由火乃得見也。然火非見白之物，則目與火俱不見矣；然則見者誰乎？精神見矣。夫精神之見物也，必因火以見，乃得見矣。火目猶且不能為見，安能與神而見乎？則神亦不能見矣。推尋見者，竟不得其實，則不知見者誰也。"則是辯者之不以神為養生主也。若然，則雞三足何解？《公孫龍子‧通變》論曰："謂雞足一，數足二，二而一故三。"此辯者之解"雞三足"也。夫雞足數之則二，而二足同成一象曰雞足，故一為形象，一為數象；形象則一，數象乃二，二與一為三，故曰"雞三足"。此辯者之所以異莊生。莊生認雞足之二，增一神為三；而辯者則以"神不見而見離"，故謂"雞足一，數足二，二而一故三"也。

郢有天下。

博按：此即惠施"大一""小一"之指。"大一""小一"，非為二"一"。"郢"與"天下"，非有二量。而其意亦宗莊子也。莊子《齊物論》曰："天下莫大於秋毫之末，而太山為小。"郭象註："以形相對，則太山大於秋毫也；若各據其性分，物冥其極，則形大未為有餘，形小不為不足。苟各足於其性，則秋毫不獨小其小，而太山不獨大其大矣。若以性足為大，則天下之足，未有過於秋毫也。若性足者非大，則雖太山，亦可稱小矣。故曰：'天下莫大於秋毫之末，而太山為小。'"苟知形大之未為有餘也，知形小之不為不足也，斯知"郢有天下"之說矣。又《秋水》曰:"細大之不可為倪。"又曰:"以差觀之,因其所大而大之,則萬物莫不大;因其所小而小之,則萬物莫不小。知天地之為稊米也,知毫末之為丘山也,則差數睹矣。"苟睹於"差數",而"知天地之為稊米也,知毫末之為丘山也",斯知"郢有天下"之說矣。辯者言"郢有天下"者,猶宋儒云"一物一太極"也。

犬可以為羊。

博按:此即老子"名可名,非常名"之指。(《老子》第一章)《釋文》引司馬云:"名以名物,而非物也。犬羊之名,非犬羊也。非羊可以名為羊,則犬可以為羊。鄭人謂玉未埋者曰璞,周人謂鼠腊者亦曰璞,故形在於物,名在於人。"

馬有卵。

博按:此與"卵有毛"同指。馬為胎生,然胎生之物,不過不以卵出生耳。而未形胎之先必有待於卵,則與卵生無殊也。此亦"萬物畢同"之一例。

丁子有尾。

博按:此亦與"卵有毛""馬有卵"同指。成玄英云:"楚人呼蝦蟆為丁子。"蝦蟆無尾有足,殊於魚也。然蝦蟆初生,無足有尾,則與魚同。莊子云"萬物皆種,以不同形相禪"是也(《莊子·寓言》)。然極其形變,萬有不同;而溯其初生,罔不相似,如"丁子有尾"之於魚。此亦"萬物畢同"之一例矣。

火不熱。

博按:此可以"知"之不為"知"也,其意亦本莊子。莊子《齊物論》載齧缺問乎王倪曰:"子知物之所同是乎?"曰:"吾惡乎知之?""子知子之所不知耶?"曰:"吾惡乎知之?""然則物無知

四、莊周　惠施　公孫龍

耶？"曰："吾惡乎知之？雖然，嘗試言之：庸詎知吾所謂知之非不知耶？庸詎知吾所謂不知之非知耶？"試以火為喻：火之熱，物之所同是，而人之所咸知也；然而王倪曰："至人神矣，大澤焚而不能熱。"（《莊子·齊物論》）則是"火不熱"也。《釋文》一云："猶金木加於人有楚痛；楚痛發於人，而金木非楚痛也。如處火之鳥，火生之蟲，則火不熱也。"然則"火"非天下之"熱"，而云"熱"者，特人之知為"熱"耳！"熱"發於人，而"火不熱"也。"火"之為"熱"，人所共知尚如此；而況"仁義之端，是非之塗，樊然殽亂"，惡能知其辯乎？（《莊子·齊物論》）。此"用知"之所以為"累"，而"知"之不可不"棄"也！

山出口。

博按："山"者，地體之高突；"口"者，人體之虛凹。人徒見山體之高突，而不知其藏用於虛，故特以"出口"表之；此其意亦本老莊也。老子曰："三十輻共一轂，當其無，有車之用。埏埴以為器，當其無，有器之用。鑿戶牖以為室，當其無，有室之用。故有之以為利，無之以為用。"（《老子》第十一章）"山"者，"有之以為利"也；"山出口"者，"無之以為用"也。山何以能出口？曰："說在《莊子》之《齊物論》也"。"大塊噫氣，其名為風；是惟無作，作則萬竅怒號！而獨不聞之翏翏乎？山林之畏佳，大木百圍之竅穴，似鼻，似口，似耳，似枅，似圈，似臼，似洼者，似污者，激者，謞者，叱者，吸者，叫者，譹者，宎者，咬者，前者唱于，而隨者唱喁。泠風則小和，飄風則大和。厲風濟，則眾竅為虛。"此之云"山出口"者，卽莊生所謂"山林之畏佳，大木百圍之竅穴，似鼻，似口"者也。使"山"不"出口"，則大塊之氣不噫；而地天不交，氣機不化矣！

57

輪不輾地。

博按：此以明至理所寄，在與物化而不遺迹；凡事有然。輪轉不停，乃見圓神；輾地則何以見圓轉？故曰"輪不輾地"，則是與地化而不遺迹也。莊子《達生》曰："工倕旋而蓋規矩，指與物化而不以心稽，故其靈臺一而不桎。忘足，履之適也；忘要，帶之適也。知忘是非，心之適也；不內變，不外從，事會之適也。始乎適而未嘗不適者，忘適之適也。"今曰"輪不輾地"，則是"忘地輪之適也"。

目不見。

博按：目有見而曰"不見"者，其說亦本莊子。一曰"目知之自有窮也"。莊子《天運》曰："目知窮乎所欲見，力屈乎所欲逐，吾既不及已夫！"一曰"物不盡於目見也"。莊子《秋水》曰："至精無形，至大不可圍。自細視大者不盡，自大視細者不明。夫精，小之微也；垺，大之殷也。故異便，此勢之有也。夫精粗者，期於有形者也。無形者，數之所不能分也；不可圍者，數之所不能窮也。"然則目之見者僅矣！故曰"目不見"。此亦以明"知"之不為"知"也。天下之所謂"知"者，不過物之表象，接於人之官覺而已。"火熱"，物之表象也；"目見"，人之官覺也。然人以火為熱，而"火不熱"，則是物之本體不可知也；人以目為見，而"目不見"，則是官覺之無與於知也。然則"吾惡乎知之"哉？

指不至。至不絕。

《釋文》引司馬云："夫指之取物，不能自至，要假物故至也。然假物由指，不絕也。"今按司馬之說，未當原意；然據其註語，知《莊子》原文本作"指不至，指不絕"。此其意亦本老莊也。按公孫龍子《指物論》曰："物莫非指，而指非指。"註："物我殊能，莫非相指。"故曰"物莫非指"。"相指者，相是非也。彼此相推，是

四、莊周　惠施　公孫龍

非混一，歸於無指"，故曰"而指非指"。"指非指"，則"指不至"矣！然而"物莫非指"如故，則"指不絕"矣！此順說，而《公孫龍》書說倒也。故曰"天下無指，物無可以謂物"；此"物"之所以"莫非指"，而"指"之所以"不絕"也。雖然，"非指者，天下無物，可謂指乎？指也者，天下之所無也；物無者，天下之所有也。以天下之所有，為天下之所無，未可。天下無指，而物不可謂指也。不可謂指者，非指也。非指者，物莫非指也。天下無指而物不可謂指者，非有非指也。非有非指者，物莫非指也。物莫非指者，而指非指也"。此"指"之所以"不至"。然則"指不至"者，理之信；"指不絕"者，物之情。"物莫非指"，此"有名"所以為"萬物母"。"指有不至"，此"可名"所以為"非常名"。老子書可證也（《老子》第一章）莊子《齊物論》曰："以指喻指之非指，不若以非指喻指之非指也。"郭象註："自是而非彼，彼我之常情也，故以我指喻彼指，則彼指於我指獨為非指也；此以指喻指之非指也。若覆以彼指還喻我指，則我指於彼指復為非指矣；此以非指喻指之非指也。將明無是無非，莫若反復相喻。反復相喻，則彼之與我，既同於自是，又均於相非。均於相非，則天下無是；同於自是，則天下無非。何以明其然？是若果是，則天下不得復有非之者也；非若果非，亦不得復有是之者也。今是非無主，紛然殽亂；明此區區者，各信其偏見而同於一致耳。仰觀俯察，莫不皆然。"此可以明"指不至，指不絕"之故矣。明乎"指之不至"，斯知"指""物"之有違，而絕累於"用知"矣！明乎"指之不絕"，斯知"彼""是"之方生，而相休以"天鈞"矣！（《齊物論》曰：物無非彼，物無非是。自彼則不見，自知則知之。故曰："彼出於是，是亦因彼，彼是方生之說也。"又曰："聖人和之以是非而休乎天鈞，此之謂兩行。")

龜長於蛇。

博按：此亦襲莊子。俞樾《諸子平議》曰："此卽'莫大於秋毫之末，而太山為小之意。'（莊子《齊物論》）司馬云：'蛇形雖長而命不久，龜形雖短而命甚長。'則不以形言而以壽言，眞為龜長蛇短矣！殊非其旨！"

矩不方。規不可以為圓。

博按：此卽惠施"大同異"之所謂"萬物畢異"。胡適《中國哲學史大綱》曰："從個體自相上著想，一規不能畫同樣之兩圓，一矩不能畫同樣之兩方，一模不能鑄同樣之兩錢也。"此說得之。

鑿不圍枘。

博按，成玄英云："鑿，孔也。枘者，內孔中之木。"一鑿圍一枘。則是可圍之枘一，而不圍之枘百；不圍者其常，而圍者其暫也。故曰"鑿不圍枘"。此亦"萬物畢異"之一例矣。

飛鳥之景未嘗動也。

博按：此以物理證"守靜"，動莫疾於飛鳥。而曰"飛鳥之景未嘗動"者，說在老子之觀復，曰："萬物並作，吾以觀復。夫物芸芸，各復歸其根。歸根曰靜，是謂復命。"（《老子》第十六章）觀動之復於靜，而後知"靜"之"為躁君"也。（《老子》第二十六章）人徒見飛鳥之動，而不知飛鳥之影未嘗動；以其未嘗觀動之復於靜，而不知鳥動之"守靜"也。墨子《經下》云："景不徙，說在改為。"《經說下》云："景光至景亡，若在，盡古息。"胡適《中國哲學史大綱》云："息，止息也。如看活動寫眞，雖見人物生動，其實都是片片不動之影片也。影已改為，前影仍在原處；故曰：'盡古息'。"墨子言"盡古息"，猶此之云"未嘗動"也。飛鳥之動尚如此，卽此可以證物理之不終動，而歸根於"守靜"矣。

鏃矢之疾，而有不行不止之時。

《釋文》引司馬云："形分止，勢分行。形分明者行遲，勢分明者行疾。"謂矢不止，人盡知之；謂矢不行者，良以矢之所經，卽矢之所止；以勢而言則行，以形而言則止。設形與勢均等者，則是"行"與"止"相抵，而"有不行不止之時"；此亦以物理證"守靜"也。

狗非犬。

博按：此亦惠施"大同異"之所謂"萬物畢異"。《禮記·曲禮》："毋投與狗骨。"疏："狗，犬也。"然"效犬者左獻之"疏："通而言之、狗、犬通名。若分而言之，則大者為犬，小者為狗"；《爾雅》云："犬未成毫，狗"，是也。故曰："狗非犬。"莊子《德充符》曰："自其異者視之，則肝膽楚越也。"況狗之與犬乎！

黃馬驪牛三。

博按：此亦本莊子。《釋文》引司馬云："牛馬以二為三。曰牛，曰馬，曰牛馬，形之三也。曰黃曰驪，曰黃驪，色之三也。曰黃馬，曰驪牛，曰黃馬驪牛，形與色為三也。故曰：'一與言為二，二與一為三'也。"語出《莊子·齊物論》。

白狗黑。

博按：此亦明"名可名，非常名"，與"犬可以為羊"同指。"犬可以為羊"，則黑何不可以名白？故曰："白狗黑"也。

孤駒未嘗有母。

博按：此亦以明"名可名，非常名"。《釋文》引李云："駒生有母，言孤則無母；孤稱立則母名去也。"則是"駒"係馬子之稱，"孤"則無母之名；而"孤駒"連稱而為名，則是"可名"之

"名","非常名"也,故以"未嘗有母"正之。

一尺之棰,日取其半,萬世不竭。

《釋文》引司馬云:"若其可析,則常有兩;若其不可析,其一常存。故曰:'萬世不竭。'"博按:此即"小一"之義也。

辯者以此與惠施相應,終身無窮。

博按:"此"即指"卵有毛"以下二十事而言,辯者之所以與惠施相應。曰"應"者,非與惠施殊指也。持惠施厤物之意,而未及徧於厤物,以待辯者之舉類知通;而辯者則厤證於物以應乎惠施之言,而不再詳明其意。如惠施明"小一""大一"之意,而辯者則應之曰:"郢有天下"以為證。惠施明"畢同畢異"之意,而辯者則應之曰:"卵有毛""馬有卵""丁子有尾",以厤證萬物之"畢同"。又應之曰"矩不方,規不可以為圓""鑿不圍枘""狗非犬",以厤證萬物之"畢異"也。大抵惠施發其意,而辯者厤於物,夫是之謂"應"也。今觀辯者之所與惠施相應,而惠施之所大觀於天下以曉辯者,最括宏旨,可得五義:一曰"抱一";二曰"齊物";三曰"無名";四曰"去知";五曰"存神";六曰"守靜"。試條析而明其旨。

一曰"抱一"。凡得六事。

(1) 氾愛萬物,天地一體也。此為厤物之究竟義。

(2) 至大無外,謂之大一;至小無內,謂之小一。無厚不可積也,其大千里。此以明"大一""小一"之非二"一"。

(3) 郢有天下。此辯者舉以證"大一""小一"之例。

(4) 一尺之棰,日取其半,萬世不竭。此辯者舉以證"小一"之有不可析。

(5) 連環可解也。我知天下之中央,燕之北,越之南,是也。

此以明宇宙之"大一"，亦整一而不可析。所謂可析者，亦如連環之以不解解，所謂"不際之際"也。

（6）日方中方睨，物方生方死。此以明"有無、死生之為一守"，而時間之相續，亦整一而不可析也。

二曰"齊物"。凡得八事。

（1）大同而與小同異，此之謂小同異；萬物畢同畢異，此之謂大同異。此所以籀齊物之大例。

（2）天與地卑，山與澤平。此以證"萬物畢同"之例。

（3）卵有毛。

（4）馬有卵。

（5）丁子有尾。

以上三事，辯者以證"萬物畢同"之例。

（6）矩不方，規不可以為圓。

（7）鑿不圍枘。

（8）狗非犬。

以上三事，辯者以證"萬物畢異"之例。

三曰"無名"。凡得四事。

（1）指不至，至不絕。博按：辯者多具體的厤物以應惠施之言；獨此"指不至，至不絕"一事，"厤物之意"以補惠施所未逮，而籀"可名非常名"之大例耳。

（2）犬可以為羊。

（3）白狗黑。

（4）狐駒未嘗有母。

以上三事，辯者以證"可名非常名"之例。

四曰"去知"。凡得四事。

（1）南方無窮而有窮。此以明大宇無窮而所知有窮；心知之狹，不足以盡大宇之廣也。

（2）今日適越而昔來。此以明行程有限而所思無阻；行程之遲，不足以稱心馳之速也。

（3）火不熱。此辯者以證物之本體不可知。

（4）目不見。此辯者以證官覺之知不為知。

五曰"存神"。知識有限，神行無方。夫惟絕知，乃貴存神。凡得兩事。

（1）雞三足。此辯者以生理證神行。

（2）輪不輾地。此辯者以物理證神行。

六曰"致虛"。凡得一事。

（1）山出口。此辯者以證致虛之大用。

七曰"守靜"。凡得兩事。

（1）飛鳥之影，未嘗動也。

（2）鏃矢之疾而有不行不止之時。

以上兩事，辯者以物理證守靜。

惟"抱一"，故能"齊物"；惟"齊物"，斯明"無名"；惟"無名"，斯欲"去知"；惟"去知"，斯貴"存神"；惟"存神"，斯"致虛守靜"。六者一以貫之，徹始徹終。大抵"抱一"而"齊物"，"無名"而"玄同"，斯"外王"之道；"去知"而"存神"，"致虛"而"守靜"，斯"內聖"之道。誠為道者之所貴，而亦辯者之欲曉也。惟道者體道以得德，內證以神明，而惠施麻物以徧說，外證之物理。夫惟道者"抱一""守靜"，乃能知化而窮神；惠施"外神""勞精"（《莊子·德充符》），不免"用知"之自累。此惠施之所以不如"道者"也。然惠施"麻物之意"而不具體，猶為秉

四、莊周　惠施　公孫龍

要執本。至辯者則具體證物而不詳其意，益近詭辯飾說。此又每況愈下，辯者之所為不如惠施者也。所貴好學深思，心知其意耳。

桓團、公孫龍辯者之徒，飾人之心，易人之意，能勝人之口，不能服人之心，辯者之囿也！

博按，莊子《天地篇》曰："辯者有言曰：'離堅白若懸寓。'"所稱"辯者"，卽此之所謂"桓團、公孫龍辯者之徒"是也。桓團言行不概見，而公孫龍則甚著。《史記·平原君虞卿列傳》曰："公孫龍善為堅白之辯。及鄒衍過趙，言至道，乃絀公孫龍。"《集解》引劉向《別錄》曰："齊使鄒衍過趙，平原君見公孫龍及其徒綦毋子之屬，論白馬非馬之辯，以問鄒子？鄒子曰：'不可！彼天下之辯有五勝三至，而辭正為下。辯者別殊類使不相害，序異端使不相亂；抒意通指，明其所謂，使人與知焉，不務相迷也。故勝者不失其所守，不勝者得其所求，若是，故辯可為也。及至煩文以相假，飾辭以相惇，巧譬以相移，引人聲使不得及其意，如此害大道！夫繳紛爭言而競後息，不能無害君子！'坐皆稱善。"此鄒衍之斥公孫龍"煩文以相假，飾辭以相惇，巧譬以相移，引人聲使不得及其意，如此害大道"者，卽此篇所云"飾人之心，易人之意，能勝人之口，不能服人之心，辯者之囿"也。"囿"，有囿於所辯，無當大道之意焉。《呂氏春秋·審應覽》曰："孔穿、公孫龍相與論於平原君所，至於藏三牙。公孫龍言藏之三牙甚辯，孔穿不應。少選，辭而出。明日，孔穿朝，平原君謂孔穿曰：'昔者公孫龍之言辯。'孔穿曰：'然！幾能令藏三牙矣！雖然難！願得有問於君。謂藏三牙，甚難而實非也；謂藏兩牙，甚易而實是也。不知君將從易而是者乎？將從難而非者乎？'平原君不應。明日，謂公孫龍曰：'公無與孔穿辯！'"此亦公孫龍"飾心""易意""能勝人口不能服人心"之一事也。

《漢書·藝文志》名家有《公孫龍子》十四篇，至宋時已亡八篇，今僅存《跡府》《白馬》《指物》《通變》《堅白》《名實》凡六篇。大指欲綜覈名實，而恢詭其說，務為博辯；要之不離莊生所謂"飾心""易意""能勝人口不能服人心"者近是。其《跡府篇》載與孔穿辯論，同《呂氏春秋》，而《孔叢子》亦載之。惟《孔叢》兼採《公孫龍子》《呂氏春秋》兩書。《呂氏春秋》謂"公孫龍言藏之三牙"，而《公孫龍子》書則言"白馬非馬"耳。《孔叢》偽本出於漢晉之間，《漢書·藝文志》所未著錄；然其謂龍為穿所絀，與《呂氏春秋》同。獨以"藏三牙"為"臧三耳"。司馬光採《孔叢》臧三耳及《別錄》鄒衍絀公孫龍說入《資治通鑑》，而臧三耳藉藉人口獨不採公孫龍子困於莊子事。

莊子《天運篇》曰："公孫龍問於魏牟曰：'龍少學先王之道，長而明仁義之行，合同異，離堅白，然不然，可不可，困百家之知，窮衆口之辯，吾自以為至達已！今吾聞莊子之言，汒焉異之！不知論之不及歟？知之弗若歟？今吾無所開吾喙，敢問其方？'公子牟隱機太息，仰天而笑曰：'子獨不聞夫埳井之䵷乎？謂東海之鱉曰：吾樂與吾跳梁乎井幹之上，入休乎缺甃之崖，赴水則接腋持頤，蹶泥則沒足滅跗。還虷蟹與科斗，莫吾能若也！且夫擅一壑之水而跨跱埳井之樂，斯亦至矣！夫子奚不時來入觀乎！東海之鱉左足未入，而右膝已縶矣！於是逡巡而卻，告之海曰：夫千里之遠，不足以舉其大；千仞之高，不足以極其深。禹之時，十年九潦而水弗為加益；湯之時，八年七旱而崖不為加損。夫不為頃久推移，不以多少進退者，此亦東海之至樂也！於是埳井之䵷聞之，適適然驚，規規然自失也！且夫知不知是非之竟，而猶欲觀於莊子之言。是猶使蚊負山，商蚷馳河也，必不勝任矣！且夫知不知論極妙之言，而自適一時之

四、莊周　惠施　公孫龍

利者，是非㷼井之鼃歟？且彼方跐黃泉而登大皇，無南無北，奭然四解，淪於不測；無東無西，始於玄冥，反於大通。子乃規規然而求之以察，索之以辯，是直用管闚天，用錐指地也，不亦小乎？子往矣。且子獨不聞夫壽陵餘子之學行於邯鄲歟？未得國能，又失其故行矣！直匍匐而歸耳！今子不去，將忘子之故，失子之業！"公孫龍口呿而不合，舌舉而不下，乃逸而走。"此魏公子牟言莊子之"始於玄冥，反於大通"，非公孫龍所得"規規而求之以察，索之以辯"也。公孫龍自詡"困百家之知，窮衆口之辯"，卽此篇所云"飾人之心，易人之意，能勝人之口"也。然而無所開喙於莊子，見太息於公子牟，此其所以為"知不知論極妙之言，而自適一時之利"者也！

惟《列子》書晚出東晉，其《仲尼篇》又稱：公子牟悅公孫龍，而樂正子輿笑之曰："公孫龍行無師，學無友，佞給而不中，漫衍而無家，好怪而妄言，欲惑人之心，屈人之口，與韓檀等肄之。""韓檀"疑卽"桓團"，猶"陳恆""田常"一音之轉也。《列子·釋文》稱"龍字子秉"，不知何據。若然，則莊子《徐無鬼》載莊子謂惠子曰："儒墨楊秉四，與夫子而五。"惠子曰："今夫儒墨楊秉且方與我以辯，相拂以辭，相鎮以聲，而未始吾非！"則是"秉"卽公孫龍也，而公孫龍且方與惠施辯矣！所謂"相拂以辭，相鎮以聲，而未始吾非"，其諸篇之所謂"辯者以此與惠施應，終身無窮"者耶？

惠施日以其知與人之辯，特與天下之辯者為怪，此其柢也！

然惠施之口談，自以為最賢，曰："天地其壯乎！施存雄而無術。"南方有倚人焉曰黃繚，問天地所以不墜不陷、風雨雷霆之故。惠施不辭而應，不慮而對，徧為萬物說，說而不休，多而無已，猶以為寡，益之以怪；以反人為實，而欲以勝人為名，是以與衆不適也。弱於德，強於物，其塗隩矣！由天地之道，觀惠施之能，其猶一蚉一虻之勞者也。其於物也何庸！夫充一尚可曰愈，貴道幾矣！惠施不能以此自寧，散於萬物而不厭，卒以善辯為名！惜乎！惠施之才，駘蕩而不得，遂❶萬物而不反，是窮響以聲，形與影競走也！悲夫！

博按："此其柢也"之"此"，指惠施。蓋"天下之辯者"，"飾人之心，易人之口"，特以惠施厤物之意為柢也。然自莊生觀之，則惠施內而不聖，外而不王。何以明其然。觀莊生之言曰："惠施日以其知與人之辯""徧為萬物說，說而不休，多而無已，猶以為寡，益之以怪；以反人為實，而欲以勝人為名，是以與衆不適也。弱於德，強於物，其塗隩矣！由天地之道，觀惠施之能，其猶一蚉一虻之勞者也。其於物也何庸！"則是任知飾辯於外以失為"王"也。"夫充一尚可曰愈，貴道幾矣！惠施不能以此自寧，散於萬物而不厭，卒以善辯為名！惜乎！惠施之才，駘蕩而不得，逐萬物而不反，是窮響以聲，形與影競走也！悲夫！"則是勞精疲神於內以不能"聖"也。惟內不"聖"，斯外不"王"。而施之所以不為"王"者，由於"徧為萬物說"，而於物何"庸"也。按莊子《齊物論》曰："庸也者，用也。"今惠施"徧為萬物說"，雖"知於辯"，而"無所用"。自莊生論之，則此之於駢拇枝指！其在《駢拇篇》曰："駢於足者，連無用之肉也。枝於手者，樹無用之指也。駢於辯者，累瓦結繩，竄句遊心於堅白同異之間，而敝跬譽無用之言，非乎！"君子不貴焉！荀子《修身篇》曰："夫堅白同異、有厚無厚之察，非不察也；

---

❶ "遂"當為"逐"。——編者註

四、莊周　惠施　公孫龍

然而君子不辯，止之也。"又《不苟篇》曰："山淵平，天地比；齊秦襲，入乎耳，出乎口；鉤有須，卵有毛；是說之難持者也，而惠施、鄧析能之。然而君子不貴者，非禮義之中也。故曰'君子說不貴苟察，'惟其當之為貴。"又《解蔽篇》曰："惠子蔽於辭而不知實。""實"者，"有用於物"之謂，俗所稱"實用"者也。今"惠施日以其知與人之辯""徧為萬物說"，"其於物也何庸"；此之謂"蔽於辭而不知實"矣！

夫施之所以"蔽於辭而不知實""知於辯而無所庸"者，要由未能"充一"而"貴道"，故莊生砭之曰："充一尚可曰愈，貴道幾矣。"此則莊生所持以衡平百家之權度，而"小大精粗，其運無不在"者也。按"充一"，卽"主之以太一"之意，而"愈"讀如《禮記·三年問》"痛甚者其愈遲"之"愈"（《釋文》：愈，差也。《匡謬正俗·八》：愈，勝也。故病差者言愈）。老子曰："少則得，多則惑，是以聖人抱一為天下式。"（《老子》第二十二章）莊子《人間世》曰："道不欲雜，雜則多，多則擾，擾則憂，憂而不救。"今惠施"厤物之意"，"徧為萬物說，說而不休，多而無已，猶以為寡""弱於德，強於物"；此正老子所謂"多則惑"，莊子所謂"雜則多"者也。故莊生以"充一"之說進。曰"充一尚可曰愈"者，謂"惟充一尚可愈其雜多之惑"。老子曰："道生一。"（《老子》第四十二章）莊子《在宥》曰："至道之精，窈窈冥冥。至道之極，昏昏默默。無視無聽，抱神以靜，形將自正。必靜必清，無勞女形，無搖女精，乃可以長生。目無所見，耳無所聞，心無所知，女神將守形，形乃長生。慎女內，閉女外，多知為敗。我為女遂於大明之上矣，至彼至陽之原也；為女入於窈冥之門矣，至彼至陰之原也。天地有官，陰陽有藏，慎守女身，物將自壯。我守其一以處其和。"

今"惠施多方,其書五車,其道舛駁,其言也不中",豈非所謂"多知為敗"者耶!"貴道"則能幾"一",而可以愈雜多之惑矣!《釋文》以"愈貴"斷讀者非也。

上論惠施、公孫龍。

五、附·太史公談《論六家要指》考論

太史公學《天官》於唐都，受《易》於楊何，習《道論》於黃子。太史公仕於建元元封之間，愍學者之不達其意而師悖；乃論六家之要指曰：

《易·大傳》："天下一致而百慮，同歸而殊途。"夫陰陽、儒、墨、名、法、道德，此務為治者也；直所從言之異路，有省不省耳。嘗竊觀陰陽之術，大祥而衆忌諱，使人拘而多所畏；然其序四時之大順，不可失也。儒者博而寡要，勞而少功，是以其事難盡從；然其序君臣父子之禮，列夫婦長幼之別，不可易也。墨者儉而難遵，是以其事不可徧循；然其彊本節用，不可廢也。法家嚴而少恩；然其正君臣上下之分，不可改矣。名家使人儉而善失眞（張照《史記考證》曰：董份曰：墨者儉，是矣。若名家言儉，似不可曉。蓋此乃檢字。檢者，束也。下文苛察繳繞即檢束之意也。因上有儉字，寫者遂誤耳）；然其正名實，不可不察也。道家使人精神專一，動合無形，贍足萬物；其為術也，因陰陽之大順，采儒墨之善，撮名法之要，與時遷移，應物變化；立俗施事，無所不宜，指約而易操，事少而功多。儒者則不然，以為"人主，天下之儀表也。主倡而臣和，主先而臣隨"。如此則主勞而臣逸！至於大道之要，去健羨，絀聰明。釋此而任術，夫神大用則竭，形大勞則敝；形神騷動，欲與

71

天地長久,非所聞也!

　　夫陰陽四時八位十二度二十四節,各有教令,順之者昌,逆之者不死則亡,未必然也,故曰:"使人拘而多畏。"夫春生夏長秋收冬藏,此天道之大經也,弗順則無以為天下綱紀,故曰:"四時之大順,不可失也。"

　　夫儒者以六藝為法,六藝經傳以千萬數,累世不能通其學,當年不能究其禮,故曰:"博而寡要,勞而少功!"若夫列君臣父子之禮,序夫婦長幼之別,百家弗能易也。

　　墨者亦尚堯舜,道言其德行,曰:"堂高三尺,土階三等。茅茨不剪,采椽不刮。食土簋,啜土刑,糲粱之食,藜藿之羹,夏日葛衣,冬日鹿裘。送死,桐棺三寸,舉音不盡其哀;教喪禮,必以此為萬民之率,使天下法。"若此,則尊卑無別也!夫世異時移,事業不必同,故曰:"儉而難遵。"要其強本節用,則人給家足之道也!此墨子之所長,雖百家不能廢也。

　　法家不別親疏,不殊貴賤,一斷於法,則親親尊尊之恩絕矣!可以行一時之計,而不可長用也!故曰:"嚴而少恩。"若尊主卑臣,明分職,不得相踰越,雖百家不能改也。

　　名家苛察繳繞,使人不得反其意,專決於名而失人情,故曰:"使人儉而善失真。"若夫控名責實,參伍不失,此不可不察也。

　　道家無為,又曰無不為;其實易行,其辭難知!其術以虛無為本,以因循為用。無成勢,無常形,故能究萬物之情;不為物先,不為物後,故能為萬物主。有法無法,因時為業;有度無度,因物與合。故曰:"聖人不朽,時變是守。"虛者,道之常也;因者,君之綱也。羣臣並至,使各自明也。其實中其聲者,謂之端;實不中其聲者,謂之窾。窾言不聽,姦乃不生;賢不肖自分,白黑乃形。

在所欲用耳,何事不成!乃合大道,混混冥冥,光耀天下,復反無名。

　凡人所生者,神也;所託者,形也。神大用則竭,形大勞則敝,形神離則死;死者不可復生,離者不可復反,故聖人重之!由是觀之:神者生之本也,形者生之具也;不先定其神,而曰我有以治天下,何由哉!

　博按:太史公談論陰陽、儒、墨、名、法、道德六家要指,獨推重道家,謂"因陰陽之大順,採儒墨之善,撮名法之要"。兼綜五家者,蓋習《道論》於黃子,尊其所學然也。然五家之中,獨揭儒與道家並論。何者?蓋漢承秦治,載黃老之清靜,舒名法之慘礉。觀太史公之贊曹相國曰:"參為曹相國,清靜,極言合道;然百姓離秦之酷後,參與休息無為,故天下俱稱其美。"其言可徵信也。然太史公之贊申、韓謂:"申子卑卑,施之於名實;韓子引繩墨,切事情,明是非。其極慘礉少恩,皆原於道德之意。"名法原於道德,以之相救,勢所不嫌。

　獨儒與道爭長;漢興五六十年,未有定尊。其可考見於《太史公書》者,《曹相國世家》曰:"孝惠帝元年,除諸侯相國法,更以參為齊丞相。參之相齊,齊七十城;天下初定,悼惠王富於春秋。參盡召長老諸生,問所以安集百姓,如齊故俗。諸儒以百數,言人人殊。參未知所定。聞膠西有蓋公,善治黃老言,使人厚幣請之。既見蓋公,蓋公為言治道貴清淨而民自定,推此類具言之。參於是避正堂,舍蓋公焉。其治要用黃老術,故相齊九年,齊國安集,大稱賢相!惠帝二年,蕭何卒。……參代何為漢相國……載其清淨,民以寧一。"《儒林傳敘》曰:"孝文帝本好刑名之言。及至孝景不任儒者。而竇太后又好黃老之術。故諸博士具官待問,未有進者。"

则是儒绌而道用也！

《儒林·辕固生传》稱："辕固生者，齊人也，以治《詩》，孝景時為博士。與黃生爭論景帝前。黃生曰：'湯武非受命，乃弒也！'辕固生曰：'不然！夫桀紂虐亂，天下之心，皆歸湯武。湯武與天下之心而誅桀紂。桀紂之民，不為之使而歸湯武。湯武不得已而立，非受命為何？'黃生曰：'冠雖敝，必加於首；履雖新，必關於足。何者？上下之分也！今桀紂雖失道然，君上也；湯武雖聖，臣下也。夫主有失行，臣不能正言匡過，以尊天子；反因過而誅之，代立，踐南面，非弒而何也？'辕固生曰：'必若所云，是高帝代秦卽天子之位非耶？'於是景帝曰：'食肉不食馬肝，不為不知味！言學者無言湯武，不為愚！'遂罷。是後學者莫敢明受命放殺者！竇太后好《老子》書，召辕固生，問《老子》書。固曰：'此是家人言耳！'太后怒曰：'安得司空城旦書乎！'乃使固入圈刺豕。景帝知太后怒，而固直言無罪，乃假固利兵，不圈刺豕，正中其心；一刺，豕應手而倒。太后默然，無以復罪。"則是儒不為道絀，而黃生，蓋司馬談所習《道論》之黃子也。

《魏其武安侯列傳》曰："孝景崩，卽日太子立。建元元年，丞相綰病免，上議置丞相太尉……於是乃以魏其侯為丞相，武安侯為太尉。……魏其、武安俱好儒術，推轂趙綰為御史大夫，王臧為郎中令，迎魯申公，欲設明堂，令列侯就國，除關，以禮為服制，以興太平。……毀日至竇太后。太后好黃老之言，而魏其、武安、趙綰、王臧等務隆推儒術，貶道家言。於是太后滋不說魏其等。及建元二年，御史大夫趙綰請毋奏事東宮。竇太后大怒，乃罷逐趙綰、王臧等，而免丞相、太尉。"《儒林申公傳》略同。則是儒與道爭長，而幾以相代也！

五、附·太史公談《論六家要指》考論

《儒林傳敘》又曰："及竇太后崩，武安侯田蚡為丞相，絀黃老刑名百家之言，延文學儒者數百人。而公孫宏以《春秋》，白衣為天子三公，封以平津侯。天下之學士，靡然鄉風矣！"自是儒者制治之局定，而道家言乃大絀！

其初文景之治，刑名與道並用事；則鼂錯學申商刑名於軹張恢生所，以知術數拜為太子家令（《漢書·鼂錯傳》註：張晏曰：術數，刑名之書也。臣瓚曰：術數，謂法制，國之術也）。至是孝武之治，法家傅儒以決事；故張湯以廷尉決大獄，欲傳古義，乃請博士弟子治《尚書》《春秋》，補廷尉史。亦可以占一代學術得失之林也！

獨太史公談仕於建元元封之間，而建元為武帝之初即位，會當儒道爭長未定之際；而自以習《道論》於黃子，故特揭儒與道並論，以見得失而明指歸。其言曰："道家使人精神專一，動合無形，贍足萬物""指約而易操，事少而功多。儒者則不然，以為'人主，天下之儀表也。主倡而臣和，主先而臣隨'。如此則主勞而臣逸！"故曰："儒者博而寡要，勞而少功。"此其意蓋亦本《道論》耳！黃生之《道論》不概見，試明以莊子之道論。

莊子《在宥》曰："道有天道，有人道。無為而尊者，天道也；有為而累者，人道也。主者，天道也；臣者，人道也。天道之與人道相去遠矣，不可不察！"自太史公談論之："儒者博而寡要，勞而少功"；非莊子所謂"有為而累""臣者人道"者乎？"道家指約而易操，事少而功多"；非莊子所謂"無為而尊""主者天道"者乎！太史公以明儒者"博而寡要，勞而少功"，不如道之"指約易操，事少功多"；此天道之與人道所為"相去遠"，而莊子之所欲"察"者也！

75

莊子《天道》曰："夫帝王之德，以天地為宗，以道德為主，以無為為常。無為也，則用天下而有餘。有為也，則為天下用而不足。故古之人，貴夫無為也。上無為也，下亦無為也，是下與上同德；下與上同德，則不臣！下有為也，上亦有為也，是上與下同道；上與下同道，則不主！上必無為而用天下，下必有為為天下用，此不易之道也。"儒者則不然，以為"人主，天下之儀表也；主倡而臣和，主先而臣隨"；如此則主勞而臣逸，是"上與下同道"也！"上與下同道"，莊子詆曰"不主"，而道家之所不許也！

太史公又推"道家無為無不為"之旨而衍之曰："其術以虛無為本，以因循為用。無成勢，無常形，故能究萬物之情。……有法無法，因時為業；有度無度，因物與合。故曰：'聖人不朽，時變是守。'虛者，道之常也；因者，君之綱也。羣臣並至，使各自明也。其實中其聲者，謂之端；實不中其聲者，謂之窾。窾言不聽，奸乃不生。賢不肖自分，白黑乃形。在欲用耳，何事不成！乃合大道。"此則申不害、韓非刑名法術之學所由本也。申不害之書已亡，惟《羣書治要》采其《大體篇》有云："善為主者，倚於愚，立於不盈，設於不敢，藏於無事；竄端匿疏（日本《佚存叢書》評云：疏，疑跡），示天下無為。是以近者親之，遠者懷之。示人有餘者，人奪之；示人不足者，人與之。剛者折，危者覆，動者搖，靜者安；名自正也，事自定也，是以有道者自名而正之，隨事而定之也。"曰"設於不敢，藏於無事"；太史公所謂"以虛無為本"也。曰"自名而正之，隨事而定之"；太史公所謂"以因循為用"也。匪特申不害之書而已！

韓非《主道》曰："道者，萬物之始，是非之紀也。是以明君守始以知萬物之源，治紀以知善敗之端。故虛靜以待命，令名自命也，令事自定也。虛，則知實之情；靜，則知動者正。有言者自為名，有事者自為形；形名參同，君乃無事焉，歸之其情。……故有知而不以慮。使萬物知其處；有行而不以賢，觀臣下之所因。……羣臣守職，百官有常，因能而使之，是謂習常。故曰：'寂乎其無位而處，漻乎莫得其所；明君無為於上，羣臣竦懼乎下。'明君之道，使知者盡其慮，而君因斷事，故君不窮於知；賢者敕其材，君因而任之，故君不窮於能。……道在不可見，用在不可知；虛靜無事，以闇見疵。見而不見，聞而不聞，知而不知；知其言以往，勿變勿更，以參合閱焉。"其諸，太史公所謂道家之術"以虛無為本，以因循為用"者歟？夫道家明道德之意，而申韓參刑名之用；然其言相發，其道相因。故史公特發其旨於《老莊申韓傳贊》曰："申子卑卑，施之於名實；韓子引繩墨，切事情，明是非，其極慘礉少恩，皆原於道德之意"也。

後世學者不能究明申不害大體韓非主道之說，徒執韓非《解老》《喻老》，以為太史公稱刑名之原道德在是矣！不知非書之《解老》《喻老》祇《解老》《喻老》耳，奚所當於刑名法術之學也！惟申不害《大體篇》，韓非《主道篇》，乃足以證"刑名參同"之本道家言耳。

刑名之學，始於鄧析。荀子《非十二子篇》，鄧析、惠施並稱，而《漢書·藝文志》亦以駢隸名家。然惠施名而入於辯，鄧析名而麗於法。然不然，可不可，惠施、鄧析，同於亂名也。然惠施反以人為怪、鄧析舞文以弄法（《呂氏春秋·審應覽》曰：子產治鄭，鄧析務難之，與民之有獄者約：大獄一衣，小獄襦袴。民之獻衣襦袴而學訟者，不可勝數。以非為是，以是為非。是非無度，而可與不可日變。所欲勝因勝，所欲罪因罪。鄭國大亂）。而一為辯者，一為法家；惠施同於公孫龍、桓團，鄧析毗於申不害、韓非，故不同也。太史公《老莊申韓列傳》稱"申子之學，本於黃老而主刑名"，又稱韓非"喜刑名法術之學"。而鄧析之言刑名，更在申韓之前；由黃老而為申韓，此其轉關，蓋刑名之鼻祖也。大抵刑名之學，要在"形名參同"。刑者形也，著其事狀也；名者命也，命其事物也（《管子》"七法，名也"注：名者，所以命事也）。今按鄧析子《轉辭篇》曰："無形者，有刑之本；無聲者，有聲之母。循名責實，實之極也；按實定名，名之極也。參以相平，轉而相成，故得之形名。"此"形名參同"之說也。原不限於言刑法，而後世刑法圖籍之編纂，乃以此為定準。

世傳《唐律》《清律》，冠以"名例"；《暫行刑律》，弁以"總則"。命事物以定名，名之事也；鄧析子所謂"按實定名，名之極也"。《唐律》"名例"之後，次以《衛禁》《職制》《戶婚》《廄庫》《擅興》《賊盜》《鬥訟》《詐偽》《雜律》《捕亡》《斷獄》等篇。《清律》"名例"之後，次以《吏》《戶》《禮》《兵》《刑》《工》諸律。而《暫行刑律》"總則"之後，詳以《分則》。著事狀以論刑，形之事也；鄧析子所謂"循名責實，實之極也"。而推本言之，則曰"無刑者有刑之本，無聲者有聲之母"。太史公所謂"其術以虛無為本"者也。此刑名所以原於道德也！雖然，有辨刑名，有原於道德者，亦有不原於道德者。

裴駰《史記集解》曰："申子之書，號曰術；商鞅所為書，號曰法；皆曰刑名。"均之刑名也。太史公以申韓駙老莊之傳，而商君別署者。今按韓非子《定法篇》曰："申不害言術，而公孫鞅為法。術者，人主之所執也；法者，臣之所師也。"又《難三篇》曰："法者，編著之圖籍，設之於官府，而布之於百姓者也。術者，藏之於胸中，以偶萬端，而潛御羣臣者也。故法莫如顯，而術不欲見。"此法與術之分也。然道家，術之所自出，而法者，道之所不許。老子曰："聖人處無為之事""勇於不敢則活。"申不害則曰："設於不敢，藏於無事。"莊子曰："上必無為而用天下。下必有為為天下用。"韓非則曰："明君無為於上，羣臣竦懼乎下。"故曰"道家，術之所自出"也。老子曰："法令滋章，盜賊多有。"又曰："民不畏死，奈何以死懼之。"太史公且引老子言以敘《酷吏列傳》之首，則是"法者，道之所不許"也。夫申不害言術，公孫鞅為法，而韓非則法而兼術；此商君所以別署，而不同申不害、韓非之附老莊傳也。顧有同於韓非而不斬老莊者，慎子是也。

荀子《非十二子篇》謂慎子"尚法而無法"。《漢書·藝文志》以慎子入法家，而太史公《孟子荀卿列傳》乃稱慎子學黃老道德之術；蓋同於韓非，法而兼術者也。以其法家，故"尚法"；以其法而兼術，故尚法而無法。何者？法者，一成而不可易，有成勢，有常形；術者，因循乃見妙用，無成勢，無常形。今讀世所傳《慎子》書五篇，曰《威德》，曰《德立》，曰《君人》，三篇皆法家言也；曰《因循》，曰《民雜》，則言因循之為用，而黃老道德之術也。

《筦子》八十五篇，《漢書·藝文志》入道家，不入法家。今按太史公《管晏列傳》稱管仲任政相齊，"俗之所欲，因而予之；俗之所否，因而去之。其為政也，善因禍而為福，轉敗而為功"；儻亦黃老道德之術，所謂"以因循為用"者乎？獨是黃老言道德，不言長生。老子曰："谷神不死。"《列子》引《黃帝書》同。"谷"之為喻虛也，"神"之為言伸也，言神運於虛，體常不變；而不如形骸之有生滅，然非長生之說也！至太史公則敷暢其義曰："大道之要，去健羨，絀聰明。釋此而任術！夫神大用則竭，形大勞則敝；形神騷動,欲與天地長久,非所聞也!……凡人所生者神也,所托者形也;神大用則竭,形大勞則敝,形神離則死。死者不可復生,離者不可復反,故聖人重之。由是觀之,神者,生於本也;形者,生之具也。不先定其神,而曰我有以治天下,何由哉?"是則道德流為神仙長生之說所託始也。

然神仙長生家,有北派,亦有南派。南派晚出,衍於道德;北學先進,出自陰陽。何以言其然?《史記·封禪書》曰:"騶衍以陰陽主運,顯於諸侯;而燕齊海上之方士,傳其術不能通。然則怪迂阿諛苟合之徒自此興,不可勝數。"《漢書》稱《劉向傳》❶ 鄒衍重道延命方,而《藝文志》陰陽家有《鄒子》四十九篇,注"名衍"。又《鄒子終始》五十六篇,師古曰:"亦鄒衍所說。"其書佚不傳,太史公要删其說以著於《孟子荀卿列傳》。而燕齊海上之方士,託其傳於鄒衍。此北學神仙出自陰陽之可證者也。淮南王安招天下方術之士,共講論道德,總統仁義;而著《淮南鴻烈解》,其大較歸之於道。而《劉向傳》稱淮南有枕中《鴻寶》《苑祕書》,書言神仙使鬼物為金之術。晉丹陽葛洪著《抱朴子》,亦本道德之意;而《內篇》亦專論黃白變化之術。此南派神仙衍於道德之可徵者也。大抵漢以前之方士衍陰陽,晉以後之道士祖道德,而《太史公書》實筦其樞。方士衍傳陰陽,大書《封禪》;道德流為長生,見義此篇。體大思精,不可以一端測矣!

雖然,竊有疑也。余讀韓非子《顯學篇》曰:"世之顯學,儒墨也。儒之所至,孔丘也;墨之所至,墨翟也。"則是以墨與儒同為顯學,而它非所論及。然《太史公書》攟採極博,六經而後,先秦

---

❶ 疑當為"《漢書·劉向傳》稱"。——編者註

五、附・太史公談《論六家要指》考論

諸子，儒家有《孔子世家》《仲尼弟子列傳》《孟軻荀卿列傳》，道家有《管晏列傳》《老子莊子列傳》，法家有《商君列傳》，兵家有《司馬穰苴列傳》《孫武吳起列傳》，縱橫有《蘇秦列傳》、張儀、陳軫、犀首《列傳》。其不列傳而附見者，有如法家之申不害、韓非附《老莊列傳》；則以"刑名法術之學，原於道德之意"也。陰陽之騶衍、騶奭附《孟軻列傳》，則曰"要其歸，必止乎仁義、節儉、君臣上下六親之施"也。罔不論列言行，詳其事指而為之傳。獨墨子之顯學，而於《太史公書》僅兩見：一附見《孟軻荀卿列傳》之末，曰："蓋墨翟宋之大夫，善守禦，為節用。或曰並孔子時，或曰在其後。"辭之絀略甚矣！一見太史公《自序》談為太史公之《論六家要指》。六家之中，榷論儒道；其次墨者差詳，而獨詳論其"為節用"曰："墨者儉而難遵，是以其事不可徧循。然其彊本節用，不可廢也。"因稱墨者之言而極論之，要曰："彊本節用，則人給家足之道也。"自來論墨者多訾其兼愛，而《太史公書》獨論其節用，與荀卿同。

《自序》正義引韋昭說："墨子之術也尚儉。後有隨巢子傳其術也。"信若所云，意者隨巢子獨傳墨子尚儉之一義，而不及其它；太史公卽本之此耶？《漢書・藝文志・諸子略》，墨家有《隨巢子》六篇，云："墨翟弟子"；其書不傳。然余讀瑞安孫詒讓之《墨子後語》，中有《隨巢子》佚文二十一事；其言多主於明鬼，荒大不經，亦論兼愛，曰："有疏而無絕，有後而無遺；大行之行，兼愛萬物，疏而不絕。賢者欣之，不肖則憐之；賢者不欣，是賤德也！不肖不憐，是忍人也！"則可謂優乎仁人之言！然而無及節用者，雖放佚多未可論定；而隨巢子之非專傳墨子尚儉之一義，要可斷言，而知韋昭之說未可信也。然則太史公之稱"節用"何說？曰："此蓋稱墨

81

子以矯世敝，而發《平準》一書之指耳！"平準之書，迄元封元年而止，蓋太史公談之作；而太史公談實仕建元元封之間，目睹漢武帝外攘夷狄，內興功業，海內之士，力耕不足糧饟。"蕭然繁費"，而"興利之臣自此始"！故不禁慨乎言之，要曰："彊本節用，則人給家足之道。"此《平準書》之所為作，而於論墨子先發其指也！

史談又譏儒者之"博而寡要"，而極言之曰："累世不能通其學，當年不能究其禮"，與《孔子世家》所載晏嬰之譏孔子同辭；蓋襲墨子《非儒》之篇也。特是"博而寡要"，史談衡儒，既襲墨子《非儒》之篇；"而尊卑無別"，史談非墨，又采儒者荀卿之說。以矛刺盾，良非偶然！

今按荀子《富國篇》曰："人之生，不能無羣。羣而無分則爭，爭則亂，亂則窮矣！故無分者，人之大患也；有分者，天下之本利也。而人君者，所以管分之樞要也。故美之者，是美天下之本也；安之者，是安天下之本也；貴之者，是貴天下之本也。古者先王分割而等異之也，故使或美或惡，或厚或薄，或佚或樂，或劬或勞，非特以為淫泰夸麗之聲，將以明仁之文，通仁之順也。……墨子之言，昭昭然為天下憂不足；夫不足，非天下之公患也，特墨子之私憂過計也。……夫天地之生物也，固有餘足以食人矣！麻葛繭絲、鳥獸之羽毛齒革也，固有餘足以衣人矣！不足，非天下之公患也。天下之公患，亂傷之也。胡不嘗試相與求亂之者誰也？我意墨子之非樂也，則使天下亂。墨子之節用也，則使天下貧。非將墮之也，說不免焉！墨子大有天下，小有一國，將蹙然衣麤食惡，憂戚而非樂；若是則瘠，瘠則不足欲，不足欲，則賞不行。墨子大有天下，小有一國，將少人徒，省官職；上功勞苦，與百姓均事業，齊功勞。若是則不威，不威則罰不行。……若是，則萬物失宜，事變失應！……故先王聖人為之不然。知夫為人主者，不美不飾之不足以一民也，不富不厚之不足以管下也，不威不強之不足以禁暴勝悍也……故墨術誠行，則天下尚儉而彌貧，非鬬而日爭；勞苦頓瘁而愈無功，愀然憂戚，非樂而日不和。"是何也？自史談言之，則曰"尊卑無別"也；自荀卿言之，則曰"羣而無分"也。蓋同指而異辭也。併著於篇，以為成學治國故者考覽焉。

版本通義

序[*]

余讀官私藏書之錄，而籀其所以論版本者，觀於會通，發凡起例，得篇如下。❷繕寫定，因為其序論曰：

於戲！版本之學，所從來舊矣！蓋遠起自西漢，大用在讎校。劉向《別錄》："讎校，一人讀書，校其上下，得繆誤，為校；一人持本，一人讀書，若怨家相對，故曰讎也。"（見《文選·魏都賦》"讎校篆籀"李善注引《風俗通》）及其讎校中祕，有所謂中書，有所謂外書，有所謂太常書、有所謂太史書、有所謂臣向書、臣某書，廣蒐衆本，讎正一書；然則讎校所資，必辨版本。至宋岳珂刊"九經""三傳"，稱以家塾所藏唐石刻本、晉天福銅版本、京師大字舊本、紹興初監本、監中見行本、蜀大字舊本、蜀學重刊大字本、中字本，又中字有句讀附音本、潭州舊本、撫州舊本、建大字本、俞韶卿家本，又中字凡四本、婺州舊本，併興國于氏建余仁仲，凡二十本；又以越中舊本注疏、建本有音釋注疏、蜀注疏，合二十三本，專屬本經名士反覆參訂；而於是事讎校者言版本！方是時，吾錫尤文簡公箸錄所藏，為《遂初堂書目》，特開一書兼載數本之例；而於是治目錄者言版本！

---

* 原本無"序"名，此為編者所加。——編者註
❷ "下"原為"右"。——編者註

85

旣以附庸，蔚為大國；寖昌、寖熾，逮於遜清，版本之學，迺以名家，而吾蘇為獨盛！自常熟毛晉子晉、錢曾遵王開其前茅，有蘇州黃丕烈蕘圃、顧廣圻千里為之纘緒。其後錢唐之丁丙松生、歸安之陸心源存齋、獨山之莫友芝子偲，又其後長洲之葉昌熾鞠裳、江陰之繆荃孫筱珊、長沙之葉德輝奐彬，版崇宋元，學擅讐校，炳炳琅琅，咸有述造，亡慮皆衍黃丕烈之緒者也！毛、錢所記，豈無罕異，而迻迻粗闓，闡揚未弘；恢張絕業，莫如黃氏，而顧千里實為丞弼。古鈔舊槧，賞奇析疑，默識神解，不同尋常；沾溉後生，以詒奇祕。其尤甚者，乃至如陸心源之為《儀顧堂題跋》，蓋掩黃丕烈之《讀未見書齋讀書錄》以為己有（見錢唐汪康年穰卿《雅言集》）；公然盜襲，曾不恥愧！

　　而博籀誦諸家，❶刪次其要，參互鉤稽，積久成帙；董而理之，以箸為篇，惟是神識尤資目驗，一見逾於百聞。千元皕宋，其有可徵，則以國立南京、北平兩圖書館所藏為據；而古籍景繙，則多取材於涵芬樓。按圖索驥，求之可得；景響之談，勿為迷罔。修辭立誠，庶幾君子；世有覽者，幸垂鑒焉！

中華人民造國之十九年五月二日
無錫錢基博

---

❶ "博"乃作者自謂。——編者註

原始第一

　　三代方策，邈哉邈矣！炎漢初興，書皆竹帛。其後劉氏父子向、歆總羣書而奏其《七略》；班固刪其要，成《漢書·藝文志》以備篇籍。大凡書"六略"三十八種、五百九十六家，稱"篇"稱"卷"，不一其辭。所謂篇，竹書也；卷，則帛書也。後世書不用竹帛，冒篇卷之名，失其指矣！

　　古書止有竹簡，曰汗簡，曰殺青。汗者，去其竹汁；殺青者，去其青皮。漢劉向《別錄》云："殺青者，直治竹作簡書之耳。新竹有汗，善朽蠹，凡作簡者，皆於火上炙乾之；陳楚間謂之汗，汗者，去其汁也。"而書竹簡必以刀刻，故《史記》稱蕭何為秦之刀筆吏。《風俗通義》："劉向典校書籍，先書竹；改易寫定，可繕寫者以上素。"蓋西京之末，猶用竹為多，故劉向以《中古文尚書》校歐陽、大小夏侯三家經文，多脫簡。而《漢書·藝文志》所載，亦篇多於卷也。後漢宦者蔡倫，因縑貴簡重，不便於人，以意造為紙；史稱莫不從用。然考獻帝西遷，圖書縑帛，軍人取為帷囊。而吳恢為南海太守，欲殺青以寫經書。是東京之世，猶盛竹帛，而紙未大行矣！

　　《書·序》正義引顧氏曰："策長二尺四寸，簡長一尺二寸。"《春秋左傳》杜預序疏引鄭氏《論語·序》："《鈎命決》云：'《春秋》二尺四寸書之；《孝經》，一尺二寸書之'。"《聘禮》疏引鄭氏《論語·序》："《易》《詩》《書》《禮》《樂》《春秋》皆尺二寸（當依《左傳》疏引作二尺四寸）。《孝經》謙半之。《論語》八寸策者，三分居一又謙焉。而稱書為一册，必由簡策之册而來。《說文解字》："册，符命也，諸侯進受於王也，象其札一長一短，中有二編之形。笧，古文册，从竹。"又竹部："符，信也，漢制以竹長六寸分而相合，从竹付聲。"蓋一長一短相比謂之册，六寸分合謂之符，故册可推稱於符命，而符不可轉稱為書册。凡竹簡，必編以繩，亦護以革。《史記·孔子世家》稱其"晚喜《易》，韋編三絶。"虞世南《北堂書鈔》引劉向《別錄》，"《孫子》以（同已❶）殺青，簡編以縹係繩。"《南史·王僧虔傳》："楚王冢書青絲編。"然則今人言編輯，固猶沿其舊稱矣！"册"本通作"策"，《說文解字》："策，馬箠也"，別為一義。然漢人通借"策"作"册"。《禮記·中庸》："文武之政，布在方策。"《周禮·內史》："凡命諸侯及孤卿大夫，則策命之。"《左傳·僖二十八年》："王命尹氏及王子虎、內史叔興父策命晉侯為侯伯。"《昭三年》："鄭伯如晉，晉侯嘉焉，授之以策。"是册卽策之證。至漢末，則通行以策為册。蔡邕《獨斷》云："策者，簡也。《禮》曰：'不滿百文，不書於策。'其制長二尺，短者半之，（王充《論衡》云：'短書俗記'，卽策之短者）。其次一長一短，兩編書，下附篆書起年月日稱'皇帝曰'以命諸侯王。"劉熙《釋名》："策，書教令於上，所以驅策諸下也。"《儀禮·聘禮》："記百名以上書於策。"鄭注："策，簡也。"正義："策是衆簡相連之稱。"然則古書以衆簡相連而成册，今人則以綫裝分釘而成册，沿

---

❶ "巳"同"已"。——編者註

其稱而失其義矣！此古簡册之制。

至帛之為書，便於舒卷，故一書謂之幾卷。卷之心，必轉以圓輥，兩頭稍長，出於卷，餘出如車軸然。《隋書·經籍志》："宋武入關，收其圖籍，府藏所有，纔四千卷，赤軸青紙，文字古拙。煬帝即位，祕閣之書，分為三品：上品紅瑠璃軸，中品紺瑠璃，下品漆軸。"《舊唐書·經·籍志》："凡四部庫書，皆以益州麻紙寫。其集賢院御書：經庫，皆鈿白牙軸，黃縹帶，紅牙籤；史庫，鈿青牙軸，縹帶，綠牙籤；子庫，雕紫檀軸，紫帶，碧牙籤；集庫，綠牙軸，朱帶，白牙籤。"蓋隋唐間，簡册已亡，存者止卷軸，故一書又謂之幾軸。韓愈詩："鄴侯家多書，插架三萬軸。一一懸牙籤，新若手未觸。"三萬軸，即三萬卷也。此古卷軸之制。

夫筆行而刀刻廢，紙行而縑帛廢；日趣便易，造述愈滋。故向、歆箸錄，見於《漢書·藝文志》者，財萬三千。❶ 至唐修《隋書·經籍志》，則幾六七倍焉。開元時，兩京書庫所儲，則幾十倍之焉。唐以前書皆寫本，而唐人寫本之僅存者，有《說文·木部》，獨山莫友芝子偲蓋得而張焉。

世傳唐籍版書，當以英國印度政府之匈牙利人斯坦因一千九百零七年（清德宗光緒三十三年）在敦煌千佛洞莫高窟石室所發見之唐懿宗咸通九年四月十五日印之《金剛般若波羅蜜經》，藏諸倫敦之不列顛博物院者為最可傳信。宋版書之佳者，字體每帶歐、虞神味；❷ 元人所刻，與宋版書較，已帶匠氣。而以咸通本《金剛經》與宋版書比，又顯然有雅俗之分；一則古拙錯綜，一則整齊呆板。是故古版書之可貴，就藝術而論，即在其能保持率真之氣而不流於

---

❶ "財"通"才"。——編者註
❷ "歐、虞"，指唐代大書法家歐陽洵、虞世南。——編者註

匠俗爾！敦煌石室印版書，又有《加句靈驗本一切如來尊勝陀羅尼》，上虞羅振玉叔蘊曾為之景印於《宸翰樓叢書》中。其字畫純樸，視咸通《金剛經》更為率真，雖無紀年可考信，而羅氏則斷之為唐刻，其根據為第二行"國師三藏大廣智不空譯"之"國"字上空一格。可謂現存版刻之最古者！

夫《唐書》版刻，始於佛典，而其漸推及儒書。據唐柳玭《家訓·序》云："中和三年癸卯夏（中和，唐僖宗年號），鑾輿在蜀之三年也；余為中書舍人，旬休閱書於重城之東南。其書多陰陽雜記、占夢相宅、九宮五緯之流，又有字書小學，率雕版印紙，浸染不可曉。"則是字書小學有版刻矣！薛居正《舊五代史》《唐書·明宗紀》；長興三年二月辛未，中書奏："請依《石經》文字，刻《九經》印板"，從之。《漢書·隱帝紀》：乾祐元年五月己酉朔，國子監奏："《周禮》《儀禮》《公羊》《穀梁》四經，未有印板，欲集學官考校雕造"，從之。宋王溥《五代會要·卷八》"經籍"載：周太祖廣順六年六月，尚書左丞兼刊國子監事田敏進印板《九經書》《五經文字》《九經字樣》各二部一百三十册。世宗顯德二年二月，中書門下奏："國子監祭酒尹拙狀稱：准敕校勘《經典釋文》三十卷，雕造印板；欲請兵部尚書張昭、太常卿田敏同校勘。"敕其《經典釋文》，已經本監官員校勘外，宜差張昭、田敏詳校。於是《經典》有版刻矣！又《舊五代史·和凝傳》云："平生為文章，長於短歌艷曲，又好聲譽；有集百卷，自篆於版，模印數百帙，分惠於人焉。"又貫休《禪月集》有王衍乾德五年，曇域後序稱："檢尋藁草及闇記憶者約一千首，雕刻成部"。於是集部有版刻矣！若其時諸書刻本，自來未聞藏書家收藏，獨敦煌石室出《唐韻》《切韻》二種，為五代細書小板刊本；法人伯希和所取而儲入巴黎圖書館者是也，此五代版刻之僅存者。宋葉夢得《石林燕語》稱："世言雕板印書，始馮道。此不然！但監本《五經》板，道為之爾！柳玭《訓序》言其在蜀時，嘗閱書肆，云：'字書小學，率雕板印紙'；則唐固有之矣，但恐不如今之工！"朱益《猗覺寮雜記》云："雕印文字，唐以前無之！唐末，益州始有墨板，後唐方鏤《九經》，悉收人間所有經史以鏤版為正，見兩朝國史。"據葉、朱兩家論之，則謂刻板實始於唐末矣。比得敦煌石室《唐經》刻本，乃知版刻不始唐末，而遠在咸通以前也。

述《原始》第一。

歷史第二

　　言版本者斷自宋，世人尤所矜重！然新城王士禎阮亭《居易錄》有云："今人但貴宋槧本。顧宋板亦多訛舛，但從善本可耳！如錢牧翁所定《杜集·九日寄岑參詩》從宋刻作'兩腳但如舊'，而注其下云：'陳本作雨'；此甚可笑！"嘉定錢大昕莘楣《十駕齋養新錄·論宋槧本》曰："今人論宋槧本書，謂必無差誤，卻不盡然！陸放翁跋歷代陵名云：'近世士大夫所至，喜刻書板，而略不校讎；錯本書散滿天下，更誤學者，不如不刻之為愈也！'是南宋初刻本已不能無誤矣！張淳《儀禮識誤》、岳珂《九經三傳沿革例》所舉各本異同甚多，善讀者當擇而取之。若偶據一本，信以為必不可易，此書估之議論，轉為大方所笑者也！"然按蘇軾《東坡志林》稱："近世人輕以意改書。鄙淺之人，好惡多同，故從而和之者眾，遂使古書日就訛舛，深可忿疾！"而葉夢得《石林燕語》則曰："唐以前，凡書籍皆寫本，未有摹印之法。人以藏書為貴，人不多有，而藏者精於讎對，故往往皆有善本；學者以傳錄之艱，故其誦讀亦精詳。自書籍刊鏤者多，士大夫不復以藏書為意；學者易於得書，其誦讀亦因滅裂。然板本初不是正，不無訛誤。世既一以板本為正，而藏本日亡，其訛謬遂不可正，甚可惜也！"則是不待南宋初，刻書已不能無誤矣！甘泉焦循理堂為宋岳珂《九經三傳沿革例》序云："學者言經學則崇漢，言刻本則貴宋。余謂漢學不必不非，宋版不必不誤。"誠哉是言，可為拘墟者發墨守也。

宋時官刻書有國子監本。岳珂《九經三傳沿革例》有晉天福銅板本，蓋宋監本之所自出。而葉夢得《石林燕語》稱"五代時，馮道始奏請官鏤板印行，國朝淳化中（淳化，太宗年號），復以《史記》、前、後《漢》付有司摹印。"晁公武《郡齋讀書志》云："嘉祐中（嘉祐，仁宗年號），以《宋》《齊》《梁》《陳》《魏》《北齊》《周書》舛謬亡闕，始詔館職讎校。曾鞏等以祕閣所藏多誤，不足憑以是正，請詔天下藏書之家悉上異本，久之始集。治平中（治平，英宗年號），鞏校定《南齊》《梁》《陳》三書，上之。劉恕上《後魏書》，王安國上《北周書》。政和中（政和，徽宗年號），始皆畢，頒之學官，民間傳者尚少。"此國子監刻經史之可徵於北宋者也。李心傳《建炎以來朝野雜記》云："監本書籍，紹興（紹興，高宗年號）末年所刊。國家艱難以來，固未暇及。九年九月，張彥實待制為尚書郎，始請下諸道州學，取舊監本書籍，鏤板頒行，從之。然所取者多有殘缺。故胄監刊"六經"無《禮記》，正史無《漢書》。二十一年五月，輔臣復以為言。上謂秦益公曰：'監中其他闕書，亦令次第鏤板，雖重有費，不惜也！'由是經籍復全。"此國子監刻經史之可徵於南宋者也。

北宋監刻無聞，而南宋監刻之僅有存者：國立北平圖書館藏有《監本春秋穀梁注疏》殘冊（以下省稱北平圖書館），南京國立中央大學國學圖書館藏有《監本纂圖重言重意互注禮記》殘冊、有《監本纂圖春秋經傳集解》三十卷（有鈔配）、有《監本附音春秋公羊注疏》二十八卷（有元、明修補葉）、有《監本附音春秋穀梁注疏》二十卷（有元、明修補葉。以下省稱南京圖書館）。而南京之公、穀

《注疏》，半頁十行，經傳不別，傳下注及集解亦不標明，惟疏文則冠一大"疏"字於上；與北平之《穀梁》殘冊，同一款式，蓋出一刻也。然按岳珂《九經三傳沿革例》稱："《九經》監本，譌謬脫略，多仍五季之舊，與俗本無大相違。紹興初，僅取刻板於江南諸州，視京師承平監本又相遠甚，與潭、撫、閩、蜀諸本互為異同。嘉定辛巳春（嘉定寧宗年號），朝廷命胄監刊正經籍。柯山毛居正誼父遂取"六經""三傳"諸本，參以子史字書、選粹、文集，研究異同。凡字義音切，毫釐必校，刊修僅及四經，猶以工人憚煩，詭竄墨本，而誤字實未嘗改者十二三。繼欲修《禮記》《春秋》《三傳》，誼父以病目移告，事遂中輟。"則是《監本九經》有譌脫也！景祐元年九月（景祐，仁宗年號），祕書丞余靖上言："國子監所印兩《漢書》文字舛譌，恐誤後學。臣謹參括衆本，旁據他書，列而辨之，望行刊正。"詔送翰林學士張觀等詳定聞奏，又命國子監直講王洙與靖偕赴崇文院讎對。靖、洙悉取館閣諸本參校，二年九月校畢，凡增五百一十二字，脫一百四十三字，改正四百一十一字（見北平圖書館藏元大德乙巳刊《後漢書》首列景祐校正《後漢書》狀）。而葉夢得《石林燕語》稱："余襄公靖為祕書，嘗言《前漢書》本謬甚，與王原叔同取祕閣古本參校，遂為刊誤三十卷；其後劉原父兄弟《兩漢》皆有刊誤。余在許昌，得宋景文用《監本》手校《西漢》一部，末題用十三本校，中間有脫兩行者。"則是監本諸史有謬脫也！

涵芬樓景宋景祐刊本《漢書》入《百衲本二十四史》，蓋即宋景文所用參校諸本之一。而晁公武《郡齋讀書志》稱："遭靖康丙午之變（靖康，欽宗年號），中原淪陷，前曾鞏等校刻《宋》《齊》《梁》《陳》《魏》《北齊》《周書》幾亡。紹興十四年，井憲孟為四川漕，始檄諸州學官，求當日所頒本。時四川五十餘州，皆不被兵，書頗有在者，然往往亡缺不全；收合補綴，獨少《後魏書》十許卷。最後得宇文季蒙家本，偶有所少者；於是七史遂全，因命眉山刊行。"謂之《眉山七史》，而宋以來藏書家，稱為《蜀大字本》。元時板印模糊，遂稱之為《九行邋遢本》，蓋其書半葉九行，每行十七八字也；元以後遞有修板。北平圖書館藏有元修宋蜀大字本《宋書》殘册，有宋蜀大字本《魏書》一百一十四卷，有明修宋蜀大字本《北齊書》五十卷，蓋《眉山七史》之廑見者！而涵芬樓景宋蜀大字本《南齊書》《陳書》《周書》、宋蜀大字本配元明遞修本《宋書》《梁書》《魏書》《北齊書》入《百衲本二十四史》，於是《眉山七史》復全。至明洪武時（洪武，太祖年號），取天下書板入之南京，此板遂入國子監，世遂稱為南監本（歸安陸心源存齋《儀顧堂續跋》）。南京圖書館藏有明南監刊本《三國志》六十五卷（刊配《魏志》卷八至十二），而北平圖書館藏有明南監黑口本《唐書》二百五十卷（有補板）。

永樂中用南監九行本《齊書》、十行本《晉書》《魏書》《隋書》印訂四史"外戚傳"四卷，所見亦罕矣！然崑山顧炎武寧人《日知錄·論監本二十一史》曰："宋時止有十七史，今則并《宋》《遼》《金》《元》四史為二十一史，但《遼》《金》二史向無刻。南北《齊》《梁》《陳》《周書》，人間傳者亦罕。故前人引書，多用南北《史》及《通鑑》，而不及諸書，亦不復采《遼》《金》者，以行世之本少也。嘉靖初（嘉靖，世宗年號），南京國子監祭酒張邦奇等請校刻史書，欲差官購索民間古本。部議恐滋煩擾，上命將監中十七史舊板，考對修補，仍取廣東《宋史》板付監；《遼》《金》二史無板者，購求善本翻刻。十一年七月成，祭酒林文俊等表進；至萬曆中（萬曆，神宗年號），北監又刻《十三經》《二十一史》。"南監多存宋監、元路學舊板，其無正德以後修補者，品不亞於宋元！觀《南雍經籍志》所載四部板片，真三朝文獻之所繫矣！北監多據南監本重刻，《十三經》《二十一史》之外，罕見他書。錢大昕《十駕齋養新錄》曰："北監板《十三經注疏》，創始於萬曆十四年，至二十一年畢工；《二十一史》開雕於萬曆二十四年，至三十四年竣事，板式與《十三經同》。"蓋南監諸史本合宋監及元各路儒學板湊合而成，北監即據南本重刻。而南京圖書館藏有嘉靖、萬曆先後刊南監《二十一史》，萬曆刊北監《二十一史》。

顧氏《日知錄》則以為："北板視南稍工；而士大夫家有其書，歷代之事迹粲然於人間矣！然校勘不精，訛舛彌甚，且有不知而妄改者，偶舉一二。如《魏書·崔孝芬傳》李彪謂崔挺曰：'比見賢子謁帝，旨諭殊優；今當為羣拜紀'，此《三國志·陳羣傳》中事（原注：陳羣，字長文，紀之子；時魯國孔融高才倨傲，年在紀、羣之間，先與紀友，後與羣交，更為紀拜），非為隱僻；今所刻《北史》改云：'今當為絕羣耳'，不知紀、羣之為名而改紀為絕，又倒其文，此已可笑（原注：南、北板同）！又如《晉書·華譚傳》末云：'始，淮南袁甫，字公胄，亦好學，與譚齊名'，今本誤於'始'字絕句，左方跳行，添列一袁甫名題，而再以'淮'字起行（原注：南、北板同）。《齊王冏傳》末云：'鄭方者，字子回'，此姓鄭名方即上文所云南陽處士鄭方露版極諫，而別敘其人與書，及冏答書於後耳；今乃跳行添列一'鄭方者'三字名題（原注：北板無者）。《唐書·李敬元傳》末附敬元弟元素，今以敬元屬上文，而'弟元素'跳行。此不適足以彰太學之無人，而貽後來之姍笑乎（原注：惟馮夢禎為南祭酒手校《三國志》，猶不免誤，終勝他本）！《十三經》中，《儀禮》脫誤尤多：《士昏禮》脫'壻授綏，姆辭曰，未教，不足與為禮也'一節，十四字(原注：賴有長安石經據以補此一節，而其注疏遂亡)；《鄉射禮》脫'士鹿中翻旌以獲'七字；《士虞禮》脫'哭止告事畢賓出'七字；《特牲饋食禮》脫'舉觶者祭卒觶拜長者答拜'十一字；《少牢饋食禮》脫'以授尸坐取簠興'七字。此則秦火之所未亡而亡於監刻矣！"明監刻既如此，宋監刻又如彼！

宋時官私刊刻，不勝僂指，監本而外，有蜀本、杭州本、臨安書棚本、州郡官刻本、私宅家塾本、福建本、麻沙本、釋道二藏刻本。諸刻之中，惟蜀本、杭州本、臨安書棚本為最精；臨安書棚擅譽南渡，而杭州本、蜀本則稱勝北宋。蘇軾《東坡志林》謂："蜀本大字書皆善本。"而葉夢得《石林燕語》則謂："天下印書以杭州為上，蜀本次之，福建最下。京師比歲印板，殆不減杭州，但紙不佳。蜀與福建多以柔木刻之，取其易成而速售，故不能工。福建本幾徧天下，正以其易成故也。"

顧蜀大字本僅有存者，諸家著錄，惟見蜀廣都費氏進修堂刻大字本《資治通鑑》二百九十四卷（世稱為"龍爪本"，見常熟瞿鏞子雍《鐵琴銅劍樓書目》、陸心源《儀顧堂題跋》）、蜀大字本《漢書》殘冊、蜀大字本《三蘇先生文粹》七十卷（以上兩種見陸心源《皕宋樓藏書志》）而已！然北平圖書館藏有北宋刊大字本《漢書》殘冊，中《食貨志》"管仲相桓公"，"相"字下注"淵聖御名"四字；與陸心源《皕宋樓藏書志》所載宋蜀大字本《漢書》六十四下"烏桓之壘"，"烏"字下注"淵聖御名"合，且行款亦一一相同。而江陰繆荃孫筱珊撰《清學部圖書館善本書目》獨辨其為兩淮江東轉運司本，而非蜀大字本，謂："館中尚有宋大字本《後漢書》，與此同時所刻。其《章帝紀》'章和元年六月戊辰，司徒桓虞免'，正文

'桓'字有補刻痕；注'桓虞字仲春'，'虞'字之上，亦作'淵聖御名'四字。據《容齋續筆》云：'紹興中，公命兩淮江東轉運司刻三史板。其兩《漢書》內，凡欽宗諱並書四字曰淵聖御名'，則此為兩淮江東轉運司本，而非蜀大字本，明矣！"涵芬樓景宋紹興刊本《後漢書》入《百衲本二十四史》，"桓"字作"淵聖御名"與《容齋續筆》所稱同，殆亦兩淮江東轉運司本乎？

蜀大字本之可見者，南京圖書館藏有明覆宋刊蜀大字本後周成都衛元嵩述《元包經傳》五卷，附《元包數總義》二卷。《眉山七史》，亦有蜀大字本之目。而杭州本之見著錄者，則有嘉祐五年中書省奉旨下杭州鏤《唐書》二百五十卷（見陸心源《儀顧堂題跋》）；元祐元年（元祐，哲宗年號），杭州路奉旨刻《資治通鑑》二百九十四卷（見瞿鏞《鐵琴銅劍樓書目》）。蓋北宋本之珍罕者也！北平圖書館藏有宋刊本《唐書》二百五十卷，後題"據嘉祐五年鏤板，而建州重刻"，則建州之重刻，而杭刻之翻本矣！

夫宋刻書之盛，首推福建，而福建尤以建安為最。可考見者：曰建安余志安勤有堂，曰建安余仁仲萬卷堂，曰建陽麻沙書坊，曰建寧府黃三八郎書鋪，曰建寧書鋪蔡琪純父一經堂，曰武夷詹光祖月厓書堂，曰建寧府陳八郎書鋪，曰建安江仲達羣玉堂；而余氏最早、最久，亦最著！

清高宗以乾隆四十年正月丙寅，諭軍機大臣等："近日閱米芾墨蹟，其紙幅有'勤有'二字印記，未能悉其來歷。及閱內府所藏《千家注杜詩》向稱為宋槧者，卷後有'皇慶壬子余氏刊於勤有堂'數字。皇慶，元仁宗年號，則其版是元非宋。繼閱宋版《古列女傳》，書末亦有'建安余氏靖安刊於勤有堂'字樣，則宋時已有此堂。因考之宋岳珂相臺家塾論書板之精者，稱建安余仁仲；雖未刊有堂名，可見閩中余板，在南宋久已著名，但未知北宋時卽行勤有堂名否？又他書所載明季余氏建版猶盛行，是其世業流傳甚久；近日是否相沿？並其家刊書始自何年？及勤有堂名所自，詢之閩人之官於朝者，罕知其詳。若在本處查考，尚非難事，著傳諭鍾音於建寧府所屬，訪查余氏子孫，見在是否尚習刊書之業？並建安余氏自宋以來刊印書板源流，及勤有堂昉於何代何年？今尚存否？或遺蹟已無可考，僅存其名？並其家在宋曾否造紙？有無印記之處？或考之志乘，或徵之傳聞，逐一查明，遇便覆奏。此係考訂文墨舊聞，無關政治。鍾音宜選派誠妥之員，善為詢訪，不得稍涉張皇，尤不得令胥役等借端滋擾，將此隨該督奏摺之便，諭令知之。"尋據覆奏："余氏後人余廷勤等呈出族譜，載其先世自北宋建陽縣之書林，卽以刊書為業。彼時外省板少，余氏獨於他處購選紙料，印記'勤有'二字；紙板俱佳，是以建安書籍盛行。至勤有堂名相沿已久，宋理宗時有余文興號勤有居士，亦係襲舊有堂名為號。今余姓見行紹慶堂書集，卽勤有堂故址，其年已不可考。"（見長沙王先謙益吾《東華錄》）

先是，乾隆九年，高宗命於乾清宮東之昭仁殿，藏宋、金、元、明板書籍，御筆題曰"天祿琳琅"。至三十九年，詔重輯《天祿琳琅書目》。余氏刊見著錄者三種：一宋板《周禮鄭注陸音義》十二卷，每卷後或載"余仁仲比校"，或"余氏刊於萬卷堂"，或"余仁仲刊於家塾"，卷末記經注音義字數。一《集千家注分類杜工部詩》二十五卷，門類目錄後，有"皇慶壬子"鐘式木記，"勤有堂"鑪式木記；傳序碑銘後，有"建安余氏勤有堂刊"篆記；詩題目錄卷二十五後，皆別行刊"皇慶壬子余志安刊於勤有堂"。（以上兩種見正編）。一宋板《禮記》每卷有"余氏刊於萬卷堂"，或"余仁仲刊于家塾"，或"仁仲比校訖"（見後編），款式與《周禮》同。則是建安余氏刻書堂名各有分別，如萬卷堂，則為余仁仲刊書之記；勤有堂，則為余志安刊書之記。而其刻《列女傳》之靖庵，亦題勤有堂，則或為志安之別號也。

若其翻板，所見四書六種：一江都汪中容甫仿刻《春秋公羊經傳解詁》，卷首何《公》《穀》二傳休序後有合刻《公》《穀》二傳綠起六行，末題云："紹熙辛亥孟冬朔日，建安余仁仲敬書。"（紹熙，光宗年號）卷一後有"余氏刊於萬卷堂"一行。卷二、卷六、卷九後各有"余仁仲刊於家塾"一行。卷四、卷七、卷八、卷十一、卷十二後，各有"仁仲比校訖"一行。一遵義黎庶昌蓴齋仿刻《春秋穀梁經傳范甯集解》，序後有隸書小木印記，曰"余氏萬卷堂藏書記"。卷一、卷三、卷七、卷八、卷十後各有"仁仲比校訖"一行。卷二、卷四、卷五、卷六後各有"余仁仲刊於家塾"一行。卷九後"余仁仲刊於家塾"，卷十一"余仁仲比校訖"刻二行。卷十二後有"國學進士余仁仲校正"及隸書小木行記曰"余氏萬卷堂藏書記"字樣，款式與《公羊》同。卷末皆記經注音義字數，蓋與《天錄琳琅》著錄《周禮》《儀禮》同刊，而岳珂《九經三傳沿革例》所謂"建安余仁仲，稱為善本"者！近涵芬樓《四部叢刊》景印常熟瞿氏鐵琴銅劍樓藏宋建安余氏刊本《春秋公羊經傳解詁》十二卷、《春秋穀梁傳》十二卷，所謂建安余氏，蓋即余仁仲萬卷堂；而汪中黎庶昌據以重開之本，惟《穀梁》存卷七至十二，闕卷以黎庶昌翻本補之耳！此萬卷樓之翻本也！其他二書：一儀徵阮元芸臺仿刻《繪圖古列女傳》，目錄後有外方內圓木印記，中刻草書"建安余氏"四字。卷二、卷三後，有"靜庵余氏模刻"一行。卷五後有'余氏勤有堂刊'一行。卷八後有墨地白文木記"建安余氏模刻"

一行。一陽湖孫星衍淵如仿刻《唐律疏議》。前釋文序後有"至正辛卯十一年重校"一行。又有長方木印記云"崇化余志安刊於勤有堂"。《疏議》序後有草書"至順壬申五月印"一行。卷終有"考亭書院學生余資編校"一行。此勤有堂之翻本也。然勤有堂自宋至元，刻書雖多雖久，而精好不逮仁仲萬卷堂遠甚！

南宋又有建安余恭禮宅，於嘉定丙子，刻《活人事證方》二十卷；建安余唐卿宅，於寶祐癸丑（寶祐，理宗年號），刻《許學士類證普濟本事方》十卷；又後集十卷，則稱淵夏余氏明經堂（見宜都楊守敬惺吾《日本訪書志》）。又有建安余氏雙桂書堂，刻《廣韻》五卷（見陸心源《儀顧堂續跋》）。蓋皆余氏之支與流裔也！建寧府黃三八郎書鋪乾道改元中元日印《韓非子》二十卷（乾道，孝宗年號），有嘉慶戊寅（嘉慶，清仁宗年號）全椒吳鼒山尊重刊本，有涵芬樓《四部叢刊》景印吳縣黃丕烈蕘圃校補常熟錢曾遵王述古堂影鈔本。此亦閩本翻刻之麇有者！建寧書鋪蔡琪純父一經堂嘉定戊辰刻《漢書》，有殘冊十四卷，藏南京圖書館。若建安江仲達羣玉堂刻宋麻沙坊本《二十先生回瀾文鑑》十五卷，後集八卷，南京圖書館之所庋藏，則為建陽麻沙版本書籍之一種。而建陽麻沙版本書籍，流傳後世者甚多。有牌可考者，如俞成元德閩山阮仲猷種德堂、麻沙劉氏南澗書堂及江仲達羣玉堂，雖不精，藏書家以其為宋刻而珍之。南京圖書館藏有宋麻沙刊本蜀人黃晞《歠欹瑣微論》二卷、元刊宋麻沙本《篡圖互注南華真經》十卷、東瀛翻宋麻沙本常山江少虞《皇宋事實類苑》七十八卷。而閩山阮仲猷種德堂淳熙柔兆涒灘刻《春秋經傳集解》三十卷，則有明繙本，藏北平圖書館。而字迹板滯，傳末牌子亦無矣！然而論者不貴！而臨安書棚本，則頗為藏書家珍異！有曰"臨安府太廟前尹家書籍鋪刊行"者，有曰"臨安府太廟前經籍鋪尹家刊行"者，有云"臨安府陳道人書籍鋪刊行"者，有云"陳道人書籍鋪刊行"者，有云"臨安府棚北大街睦親坊南陳宅書籍鋪刊行"者，有云"臨安府棚前睦親坊南陳宅書籍鋪刊行"者，有云"臨安府棚北大街陳宅書籍鋪刊行"者，有云"臨安府棚北睦親坊陳解元書籍鋪刊行"者，有云"臨安府棚北大街睦親坊南陳解元書籍鋪刊印"者，有云"臨安府棚北睦親坊巷口陳解元宅刊行"者；而陳氏為著！陳道人，名起，字宗之，睦親坊賣書開肆，名芸居樓。陳解元，號續芸；但有謂卽陳思者，起之子也（長沙葉德輝煥彬《書林清話》有詳考）。諸家藏書志目記跋載睦親坊棚北大街陳解元或陳道人或陳宅書籍鋪刊行印行者，以唐宋人詩文小集為最多。近《四部叢刊》所景行者四種：一、唐《李羣玉詩集》三卷，後集五卷，卷首載進詩表、勅旨，令狐綯薦狀、勅旨，後有"臨安府棚前睦親坊南陳宅書籍鋪印行"一行。後集末葉有"臨安府棚北大街睦親坊南陳解元書籍鋪印"一行。一、唐李中《碧雲集》三卷，目錄後有"臨安府棚北睦親坊陳宅書籍鋪印"一行。一、唐李咸《披沙集》六卷，卷前有紹興四年廬陵楊萬里序，序後有"臨安府棚北大街陳宅書籍鋪印行"一行。以上三種，蓋上元鄧氏羣碧樓藏宋刊本也。又其一、唐羅隱《甲乙集》十卷，行款字畫，悉與陳宅書籍鋪所刻別種唐人集同，目錄後記刊板處一行已漫漶，僅存"臨安府"三字。黃丕烈審為下卽"棚北大街睦親坊南陳宅書籍鋪印"十四字，則出常熟瞿氏鐵琴銅劍樓藏者。又有明翻宋書棚本漢劉熙《釋名》八卷，序後有"臨安府陳道人書籍鋪"識語四行，出南京圖書館藏者。此陳宅書籍鋪刻書也。而尹家書籍鋪刻，所見者蓋以唐宋人說部雜記為多，不如陳氏刊之多集部也。

　　州郡官刻，其尤著者，莫如公使庫本，宋諸道監帥司及州軍邊縣戎帥皆有公使庫。《朱文公集·按唐仲友狀》云："據蔣輝供斷配台州牢城差，每日開書籍供養。去年三月，唐仲友叫上輝就公使開雕《揚子》《荀子》印板。"其《荀子》二十卷，源出國子監本，藏日本狩谷望之家。黎庶昌出使時，影寫重開，而涵芬樓據以景入《四部叢刊》者也。朱文公《按狀》牽及刻字人蔣輝，而檢其中縫，則見蔣輝之名，赫然在焉。又紹興十七年刻《太平聖惠方》一百卷，卷末記："福建路轉運司命將國子監《太平聖惠方》一部，修改開板，於本司公使庫印行"云云（見《丁丙善本書室藏書志》）。蓋宋時州郡準用公使庫錢，因就庫開局刻書，故今傳有蘇州、吉州、沅州、舒州、撫州、台州、信州、泉州、鄂州公使庫刻諸書。此外官刻，或稱茶鹽司、提刑司、轉運司，或稱轉運使、安撫使，或稱計臺、漕臺，或稱漕司、漕廨、漕院，皆可稱為公使庫本。而北平圖書館藏有兩淮江東轉運司本《漢書》殘冊、《後漢書》殘冊，亦公使庫本之一也。又有稱州學、軍學、郡齋、郡庠、府學、郡學、縣齋、縣學而不云公使庫者，當是出之府縣學經費耳。

至私家塾刻善本，其尤著者，如建溪三峯蔡夢弼傅卿、建安黃善夫宗仁家塾刻《史記》（見昭文張金吾《愛日精廬藏書志》），建安魏仲舉家塾慶元六禩刻《新刊五百家註音辨昌黎先生文集》（見《天祿琳琅三》《四庫全書提要》），岳珂之相臺家塾刻《九經》《三傳》，瑩廖中世綵堂刻《韓昌黎集》《柳河東集》，皆博采善本，手校異同，自非率爾雕印者。岳珂塾刻，從來繙本最夥！如《易》《書》《詩》《禮記》及《春秋左氏傳》，有明繙宋本，有武英殿本，有江南繙本，有貴陽繙本，有廣州繙本，有成都繙本，便文可稱《相臺五經》。今北平圖書館藏有明繙相臺岳氏刻本《周禮》十二卷，南京圖書館藏有明覆相臺岳氏刻本《春秋經傳集解》三十卷。

而《四部叢刊》有長沙葉氏觀古堂藏，明繙宋岳氏刊《周禮》十二卷景印本。有江陰繆氏藝風堂藏，崑山徐氏影鈔相臺岳氏刊《孝經》一卷景影本❶。可謂夥頤沈沈矣！其次建安黃善夫宗仁家塾之敬室刻《史記正義》一百三十卷，蓋明嘉靖丁亥震澤王延喆恩褒四世之堂刻所自出。而嘉靖甲午秦藩及柯維熊兩刻，均出善本，亦皆出於黃氏。至南京圖書館藏有明吳中徐氏東雅堂刻《昌黎集》四十卷，《外集》十卷，《遺文》一卷（徐時泰，萬歷甲戌進士，官工部郎中），即廖瑩中世綵堂繙本也。至魏仲舉刻《五百家注昌黎先生文集》，則南京圖書館有藏册，涵芬樓有景印本。此皆家刻繙本之所知者也。《十三經》以蜀本為最，北宋刻第一，巾箱板甚精（常熟孫從添慶增《藏書記要》）。南宋刻書最有名者為岳珂相臺家塾所刻《九經》《三傳》，別有總例，似乎審定極精。而取《唐石經》及《蜀石經殘卷》等校之（《蜀石經》有《毛詩傳箋》卷一、卷二殘本刻入江寧陳宗彝秋濤《獨抱廬叢書》，又黎庶昌《古佚叢書》中刻《爾雅郭注》三卷，其原本亦出《蜀石經》，遠勝宋、元諸刻）。往往有彼長而此短者。故北宋蜀所刻諸經之可貴者，貴其源出唐、蜀《石經》也。宋本中建安余氏所刻之書，不能高出蜀本者，為其承監本、司漕本之舊也。至於史、子，亦以北宋蜀刻為精，如《史記》《漢書》《後漢書》《三國志》見於各藏書家題跋所稱引者，固可見其一斑。子如《荀子》，熙寧呂夏卿刻本（熙寧，神宗年號），勝於南宋淳熙江西漕司錢佃本（淳熙，孝宗年號）。《世說新語》，北宋刻十行本，注文完全，勝於南宋陸游本（葉德輝《書林清話》）。然則宋刻之弁冕，當推北宋蜀刻矣！至宋本釋道二藏經典，刻本行款，非長條行

---

❶ "影"似為"印"之誤。——編者註

款，卽闊本，另自一種，與所刻不同（孫從添《藏書紀要》）。《四部叢刊》景印江南傅氏藏宋刊本《大唐西域記》十二卷，蓋卽出於藏經本云！

宋版款式，大抵以白口單邊或細黑口者為多。口以中縫言，邊以四匡言。中縫摺頁，不見一線墨者，為白口；而魚尾上下有一線墨者，為細黑口（武陵趙愼畛遵路《榆巢雜識》曰：書中開縫每畫▲名魚尾，象形也，始於唐太宗）。天地四匡，界畫粗墨線者，為單邊；而匡內有細墨線者，為雙邊。明武林高濂深父《燕閒清賞箋》、鄞屠隆赤水《考槃遺事》論宋版，皆謂"格用單邊"。而趙愼畛《榆巢雜識》亦稱："宋版書上下界畫只一線墨無二線墨"。此宋版單邊之說也。孫從添《藏書紀要》曰："元刻不用對勘。其字脚，行款，黑口，一見便知。"此宋刻白口之說也。北平圖書館藏有宋刊《周易兼義》十二卷、朱震撰《漢上易集傳》十一卷、陳祥道撰《禮書》二百卷、陳暘撰《樂書》二百卷、建大字本《春秋左傳》三十卷、劍江譚詠刊《春秋集注》十一卷、毛晃《增修互注禮部韻畧》五卷（以上經部），元修宋淳化本《漢書》殘册、大字本《後漢書》殘册、《晉書》殘册、《梁書》殘册、《陳書》殘册、建州重刻杭州嘉祐本《唐書》二百五十卷、宋刊元補本《唐書》殘册兩部、宋刊《唐書》殘册、《五代史記》殘册、《資治通鑑》二百九十四卷、又殘册、宋刊元印《通鑑紀事本末》四十二卷、宋刊小字本《通鑑記事本末》四十二卷、蘇轍《古史》六十卷兩部、趙汝愚《國朝諸臣奏議》殘册、胡寅《致堂管見》殘册（以上史部），趙善璙《自警編》殘册、王欽若等《册府元龜》殘册、《翻譯名義集》殘册（以上子部），《歐陽文忠公集》殘册三部、朱文公《晦庵文集》一百卷兩部、又殘册若干部、《庵晦先生朱文公續集》十卷、

《別集》十卷、《文選》殘册、李善注《文選》殘册、增補六臣注《文選》六十卷、李昉等編《文苑英華》一千卷、河南《程氏文集》八卷、呂祖謙撰《國朝文鑑》殘册、《續文章正宗》殘册（以上集部）；皆白口單邊可證。而《四部叢刊》景印清內府藏宋刊大字本《孟子》十四卷、北宋刊本《資治通鑑目錄》三十卷，亦白口單邊也。寧祇宋刊！北平圖書館藏有金刊本《尚書正義》二十卷、韓道昭撰《五音集韻》十五卷，亦白口單邊也。固不僅宋刊而已！

宋刊細黑口亦多。北平圖書館藏有曾穜撰《大易粹言》七十卷（口有細墨線在魚尾上單邊）、巾箱本《左傳》一百九十八葉、監本《附音春秋穀梁注疏》殘册（以上經部），兩淮江東轉運司刻大字本《漢書》殘册、蜀大字本《宋書》《魏書》殘册（以上史部），《錦繡萬花谷前後集》殘册（以上子部）。南京圖書館藏有監本《附音春秋公羊注疏》二十八卷、監本《附音春秋穀梁注疏》二十卷，皆細黑口單邊。而《四部叢刊》景印宋刊細黑口本，則有《資治通鑑考異》三十卷、明翻宋淳祐本《唐宋諸賢絕妙詞選》十卷焉。然黃丕烈《士禮居藏書題跋記》載有《嚴州新定續志》一書，稱"《四庫全書總目》於'景定嚴州續志'條下，載有'紹興《舊志》今佚'之語，而所收者為《新定續志》。余既得之，見版口闊而黑，疑非宋刻，因思余所藏《中興館閣錄》《續錄》有咸、淳時補版，皆似此紙墨款式，間有闊墨口者。可知宋刻書非必定白口或細黑口也。古籍甚富，人所見未必能盡；欲執一二種以定之，何能無誤耶？"則是宋刻書間有闊墨口者，而以白口或細黑口為多。對細黑口而言，闊墨口，亦稱粗黑口。或曰大黑口，則對小黑口而稱。曰黑口者，則大黑口之簡稱。北平圖書館藏有宋刊《王狀元集諸家注分類東坡先生》殘册，卽單邊之黑口本也。至蘇州張應文茂實《清祕藏》則謂："格用單邊"，雖辨證之一端，然非考據要訣。《四部叢刊》景印玉田蔣氏藏宋刊巾箱本《春秋經傳集解》三十卷、江安傅氏雙鑑樓藏宋刊本《方言》十三卷，皆雙邊白口也。北平圖書館，藏有明繙宋阮仲猷種德堂刊《春秋經傳集解》三十卷，又宋刊蜀大字本《北齊書》殘册，則雙邊黑口也。

孫從添《藏書紀要》稱："元刻黑口，一見便知。"以為元刻無白口也。然而元刻亦見有白口者。北平圖書館藏有元刊宋蔡沈撰《書集傳》六卷、朱子撰《詩集傳》殘册、輔廣撰《詩童子問》殘册、元劉瑾撰《詩傳通釋》二十卷、《春秋胡氏傳》殘册、元汪克寬撰《春秋胡傳纂疏》殘册、元王侗撰《四書集注批點》殘册、《四聲篇》殘册（以上經部），元胡三省《音注資治通鑑》殘册、王幼學撰《資治通鑑綱目集覽》殘册、建安陳氏餘慶堂刊《宋史》、全文《資治通鑑》、李燾撰《前集》十八卷、劉時舉撰《後集》十五卷、《續資治通鑑》殘册、《故唐律疏議》（以上史部），《列子》十卷、宋《朱子成書》殘册、呂大防撰《考古圖》十卷、《翻譯名義集》十四卷（以上子部），《集千家注分類杜工部詩集》殘册、《杜工部詩千家注》六卷、《增刊校正王狀元集諸家注分類東坡先生詩》殘册、黃溍撰《黃文獻集》殘册（以上集部）；皆黑口雙邊也。元刊元梁寅撰《周易參義》殘册、《增修互注禮部韻畧》殘册（以上經部）；元刻明補本《史記》殘册、元刊《遼史》殘册、大字本元潘仁撰《陸宣公奏議纂注》殘册、張鉉撰《至正金陵新志》殘册（以上史部）；元賈亨類編《算法全能集》二卷、唐劉謐撰《三教平心論》一卷（以上子部）；《集千家注批點杜工部詩》殘册（以上集部）；皆黑口單邊也。細黑口雙邊，則有元刊宋蔡沈《書集傳》六卷（元刊宋蔡沈《書集傳》有黑口雙邊本，有細黑口雙邊本，凡複出者，皆一書數本也）、元林泉生撰《明經題斷詩義矜式》五卷（以上經部），太平路學新刊《漢書》殘册、元刊明補本《晉書》殘册、《宋史》殘册、元尹起莘撰《資治通鑑綱目發明》五十九卷（以上史部）。細黑口單邊，則有元刊元程端學撰《春秋本義》殘册（以上經部），《晉書》殘册、《隋書》殘册、《南史》八十卷、《北史》一百卷、宋劉友益撰《資治通鑑綱目書法》殘册、元陳桱撰《通鑑續編》二十四卷、吳師道《戰國校注》殘册、宋沈樞撰《通鑑總類》二十卷、《通典詳節》四十二卷、宋馬端臨撰《文獻通考》三百四十八卷（以上史部），《別岸和尚語錄》（以上子部）。而以黑口雙邊為最習見，猶之宋刻之多白口單邊也。

若元刻之白口，則北平圖書館，藏有元敖繼公撰《儀禮集說》殘册、戴侗撰《六書故》殘册（以上經部），《五代史記》殘册、宋鄭樵撰《通志》二百卷、元曾先之撰《十八史畧》十卷、元明善撰《龍虎山志》三卷、續一卷（以上史部），至大重修宣和《博古圖錄》三十卷、宋洪邁容齋撰《容齋隨筆四筆》殘册（以上子部），元郝天挺注《唐詩鼓吹》十卷（以上集部）；此白口單邊也。又元刊《三國志》殘册、《金史》殘册、宋林慮編《兩漢詔令》殘册（以上史部），大字本宋真德秀撰《大學衍義》殘册（以上子部）；此白口雙邊也。然則宋版白口、元刻黑口，亦風氣大略之云爾云！

然而明版獨以黑口稱珍罕！黃丕烈《士禮居藏書題跋記續錄》謂："書籍有明刻而可與宋元版埒者，惟明初黑口版為然！所藏有《周職方詩文集》，所見有天順本《丹崖集》，皆以黑口稱珍罕也！"就所覯記：北平圖書館藏有明刊元董真卿撰《周易會通》殘册、大字本《尚書旁訓》（以上經部），元王幼學撰《資治通鑑綱目集覽》殘册（以上三種皆黑口雙邊），洪武丁丑刊《鄭氏旌義編》三卷、弘治刊《三輔黃圖》六卷、《大事記》殘冊（以上史部），大字本《說苑》二十卷、小字本《大學衍義》殘冊（黑口單邊，○以上子部），漢賈誼撰《賈長沙集》十卷、宋歐陽修《廬陵歐陽文忠集》殘冊、陳傅良《止齋先生文集》五十三卷、明慶王橚撰《文章類選》四十卷（以上集部）。南京圖書館藏有明刊宋陸佃重刊《埤雅》二十卷（以上經部），明太祖勅撰《大明律》三十卷（以上史部），金李杲撰《蘭室祕藏》三卷、明陳會撰《神應經》一卷、宋濂撰《龍門子凝道記》三卷（以上子部），弘治刊唐陳子昂《陳伯玉文集》十一卷、正德刊唐岑參《岑嘉州詩》四卷及宋陸九淵《象山外集》四卷、《語錄》四卷、附《行狀》一卷、成化刊宋邵雍撰《伊川擊壤集》二十一卷、張栻《南軒文集》四十四卷、洪武刊明貝瓊《貝清江詩集》十卷（以上集部）；皆黑口也。《四部叢刊》景印明黑口本，則有南京圖書館藏唐岑參撰《岑嘉州詩》四卷、宋邵雍撰《伊川擊壤集》二十卷；及江安傅氏雙鑑樓藏宋林逋撰《林和靖先生詩集》四卷、常熟瞿氏鐵琴銅劍樓藏正統刊元戴良撰《九靈山房集》三十卷、秀水沈氏藏元倪瓚《雲林集》七卷，及涵芬樓藏成化刊元歐陽玄撰《圭齋集》十六卷、弘治刊元薩都剌撰《薩天錫前後集》二冊焉。

　　高濂《燕閒清賞箋》論藏書，以為："宋人之書，雕鏤不苟，紙堅刻軟，字畫如寫；格用單邊，間多諱字；用墨稀薄，雖著水經燥，無湮迹；開卷一種書香，自生異味。元刻仿宋單邊，字畫不分粗細，較宋邊條闊多一線；紙鬆刻硬，用墨穢濁；中無諱字，開卷了無臭味。"所謂"中無諱字"者，元刻仿宋，遇宋諱不缺筆；而宋版則缺筆，視其缺筆之某字，可以覘刊本之先後。如《四部叢刊》景印日本岩崎氏靜嘉堂藏北宋刊本《說文解字》三十一卷，"恆""貞"等字皆不缺筆；蓋北宋眞宗時鏤版，大徐本第一刻也！間有南宋補葉，版心標出"重刊"二字，"愼"字亦缺末筆。陸心源《皕宋樓藏書志》載：北宋刊《爾雅單疏》十卷，宋太祖、太宗、眞宗廟諱缺末筆，餘皆不缺。又白氏《六帖類聚》三十卷"匡""敬""恆"皆缺筆，"貞"字不缺，蓋皆眞宗時刊本也。《皕宋樓藏書志》又載北宋刊《唐書》二百五十卷，"朗""匡""徹""炅""恆""桓""鏡""竟""敬""貞"皆避缺；宋司馬光《資治通鑑考異》三十卷，"朗""匡""亂""敬""貞""恆"皆缺避，"桓"字不避，宋仁宗時刊本也。涵芬樓景印《百衲本二十四史》中，《唐書》前有嘉祐五年六月曾公亮進書表。宋諱避至"禎"字止，而不及英宗以下，故昔人定爲嘉祐進書後第一刊本。《四部叢刊》景印常熟瞿氏鐵琴銅劍樓藏北宋刊晉張湛注《沖虛至德眞經》八卷，"殷""敬""恆""貞"字有缺筆，而"頊""桓"不缺，亦仁宗時刊也。又景印涵芬樓藏明萬玉堂翻宋本漢揚雄撰《太玄經》十二卷，遇"貞"字皆缺末筆。影鈔北宋本漢許愼注《淮南子》二十一卷，闕筆至"貞"字。影宋精鈔本，蜀釋貫休撰《禪月集》二十五卷，闕筆至"貞"字，而不避南宋諱，皆知其從仁宗時刊本出。《皕宋樓藏書志》載：北宋刊《史載之方》二卷，徽宗以前諱皆缺避；"丸"不改"圓"，不避欽宗嫌名；其爲徽宗時刊本無疑。蜀大字本《三蘇文粹》七十卷，"桓"字以下諱不缺避，蓋北宋刊也。《四部叢刊》景印涵芬樓藏北宋刊司馬光撰《資治通鑑目錄》三十卷宋帝諱如"殷""敬""鏡""玄""弘""貞""徵""讓""頊""樹""桓""完"等字皆缺筆，字畫挺秀，北宋本之至精者！明翻北宋本《黃帝內經》二十四卷"玄""匡""鏡""貞""徵""恆""炅"等字皆闕筆，嘉靖庚戌顧從德重刊北宋本也。南京圖書館藏唐杜牧撰《樊川文集》二十二卷，宋諱避"桓""鏡"等字；是從北宋本出。《皕宋樓藏書志》載蜀大字本《漢書》殘本八卷，"匡""殷""貞""敬""境""桓""竟""完""源""貊""穀""讓""構""購"皆缺末筆。宋刊配元覆本《隋書》八十五卷，"敬""愼""貞""恆""桓""構"皆缺避。宋刊中字本《唐書》二百五十五卷，"匡""胤""殷""敬""炅""恆""貞""頊""桓""構"皆缺避。陸狀元集百家注《資治通鑑詳節》一百二十卷，"朗""殷""匡""貞""恆""桓""愼""構"皆缺避，而知其為高宗時刊本；而涵芬樓景印《百衲本二十四史》中《後漢書》"桓"字作"淵聖御名"，而"構"字則作"今上御名"，知為高宗時刊本。《晉書》"構"字缺筆，而"禎"字仍作"御名"，知為紹興中翻雕北宋監本。《四部叢刊》景印涵芬樓藏宋刊《六臣注文選》六十卷，"玄""匡""貞""徵""恆""桓""覯""穀"諸字皆缺筆。紹興二年下紹興府餘姚縣刊《資治通鑑》二百九十四卷，書中缺筆至"構"字止。常熟瞿氏鐵琴銅劍樓藏宋紹興三年刊《溫國文正司馬公文集》八十卷，書中"桓"字注"淵聖御名"，'構'字注"御名"。烏程蔣氏密雲樓藏明翻宋本梁《江文通集》十卷，"敬""鏡""匡""恆""樹""殷""貞""構"等字，有缺筆，蓋正、嘉間繙宋高宗時本也。《皕宋樓藏書志》載宋刊《纂圖互註禮記》二十卷、《禮記舉要圖》一卷，"讓"字缺筆。《晉書》一百三十卷，"匡""恆""桓""愼""構"皆缺避。《致堂先生讀史管見》八十卷，宋孝宗以前，諱皆缺避。蓋孝宗時刊本也。《四部叢刊》景印常熟瞿氏鐵琴銅劍樓藏宋刊巾箱本《毛詩》二十卷，宋諱"匡""殷""桓""覯""愼"等字有缺筆。建安余氏刊《春秋公羊經傳解詁》十二卷，"殷""匡""貞""桓""完""愼"等字皆缺末筆。陳道人書籍鋪本唐羅隱《甲乙集》十卷，"匡""徵""桓""樹""構"

"愼"字有缺筆。清內府藏宋刊大字本《孟子》十四卷，"玄""殷""讓""恆""畜""樹""豎""構""愼"等字，皆缺末筆。海鹽張氏涉園藏巾箱本《廣韻》五卷，避宋帝諱，至"昚"字止。《五朝名臣言行錄》十卷，《三朝名臣言行錄》十四卷，宋帝諱兼避孝宗潛邸賜名"瑋"字。涵芬樓藏巾箱本宋李公煥《箋注陶淵明集》十卷，"朗""眞""貞""徵""桓""恆""樹""覯""愼"等字缺筆，而知其為孝宗時刊本。江安傅氏雙鑑樓藏影宋精鈔本唐《釋皎然集》十卷，"愼"字有缺筆，知從孝宗時刻摹寫。《皕宋樓藏書志》載：巾箱本《周易》《尚書》《毛詩》《禮記》《左傳》"惇"字以上諱皆缺避，"廓"字不缺；疑是宋光宗時婺州刊本。而涵芬樓景印《百衲本二十四史》中《三國志》宋諱避至"敦"字為止。《四部叢刊》景印涵芬樓藏宋刊《周易》十卷，"殷""匡""貞""徵""桓""媾""姤""敦"等字，皆為字不成。蜀中刻唐皇甫湜《皇甫持正文集》六卷，宋諱"敦"字缺筆，蓋光宗時刊本也。《皕宋樓藏書志》載：宋刊《北史》殘冊，"匡""恆""貞""桓""構""愼""徵""樹""敦""廓"皆缺筆。宋季閩中重刊紹興本《山谷黃先生大全詩注》二十卷，宋諱自"惇""廓"以上皆缺避，蓋宋寧宗時刊本。北平圖書館藏有宋刊《朱子詩集傳》二十卷，於宋諱"玄""畜""匡""樹""殷""恆""徵""愼""敦""鞹""覯"等字，皆缺筆，亦寧宗時刊本。而《四部叢刊》景印江安傅氏雙鑑樓藏宋刊《方言》十三卷，書中避諱至"廓"字止。常熟瞿氏鐵琴銅劍樓藏宋刊呂祖謙撰《皇朝文鑑》一百五十三卷，"讓""署""桓""構""瑋""敦""擴"減筆，而理宗諱不減筆；是嘉泰間新安郡齋初印本（嘉泰，寧宗年號），非端平重修本也（端平，理宗年號）。至《皕宋樓藏書志》載：紹興三十年重刊宋陳襄撰《古靈先生文集》二十七卷,"擴"字缺筆,避寧宗嫌名,當是紹興刻而寧宗時修補者。《四部叢刊》景印嘉興沈氏藏宋刊黃庭堅《豫章黃先生文集》三十卷,書中"構"字注"太上御名"者,為孝宗時元刻;遇"覯"作"覯",兼避"愼""郭"等字者,為光、寧兩宗時修版也。北平圖書館藏有淳熙刊端平淳祐小字本《通鑑紀事本末》殘冊(端平、淳祐,理宗年號),宋諱如"玄""懸""縣""朗""浪""垠""匡""筐""恇""劻""洭""眶""殷""酳""炄""熲""炯""耿""憬""恆""岠""姮""禎""貞""徵""癥""湞""曙""署""樹""侸""項""旭""勖""煦""朐""佶""姞""完""梡""丸""莞""垣""遘""媾""構""溝""冓""姤""詬""彀""愼""屢""讓""援"皆為字不成;"構"注"太上御名","眘"注"御名","桓"有改為"亘"者;蓋淳熙時刊本多,而端平、淳祐修版少耳。此則宋諱缺筆之大略已!

長洲葉昌熾鞠裳撰《藏書紀事詩》六卷,前有同邑王頌蔚序,稱:"宋刊宋印,大都用公私簿帳,以余所見,若《爾雅單疏》《宋文鑑》《洪氏集驗方》《北山小集》皆是也。"豈惟宋刊,元明亦有之!黃丕烈《士禮居藏書題跋記》稱:"宋本每葉紙背,大半有字迹,蓋宋時廢紙多直錢也。宋刻本《蘆川詞》紙背字迹,審是宋時收糧檔案,故有'更幾石''需幾石'下注秀才、進士、官戶等字,又有縣丞、提舉、鄉司等字;戶籍官銜,略可考見,粳糯省文,皆從便易;雖無關典實,聊記於此,以見宋刻宋印,古書源流,多有如是者。"莫友芝《宋元舊本書經眼錄》載:"宋紹興本《集古韻文》第三卷,紙背是開禧元年黃州諸官致黃州教授書狀(開禧,寧宗年號);古人文移案牘,用紙皆精好,事後尚可他用。蘇子美監進奏院,以鬻故紙公錢祀神、宴客得罪。可見宋世故紙,未嘗輕棄。

今官文書紙率輕薄，不耐久。"此宋刊宋印之見著錄者也。葉昌熾《滂喜齋藏書記》載："元刻宋毛晃《增修互注禮部韻略》五卷，其紙為元時戶口册書，卽印於紙背，諦視之，皆湖州路某縣某人，云：'宋民戶，至元某年歸順'，則湖州官庫本。"北平圖書館藏有元刊宋俞琰撰《周易集說》殘册，用牘背紙印，此元刊元印之可徵見者也。黃丕烈《士禮居藏書題跋記》又稱："鄭元佑《僑吳集》紙背皆明人箋翰簡帖，雖非素紙印本，然古氣斑斕亦自可觀。宋元舊本，往往如是！"此明刊明印之見著錄者。而北平圖書館藏有國子監宋刊明印宋毛晃《增修互注禮部韻略》殘册，印以洪武七年糧册紙；其入聲缺版，仍以牘背紙，界烏絲闌訂入。此又宋刊明印之可徵見者也。然高濂《燕閒清賞箋》則謂："有種官券殘紙背印更惡，不以用公私簿帳印者為貴也！"高氏生於明，去宋未遠，宋刻流傳，猶多佳者，故不為珍罕。至黃丕烈等生清中葉以後，去宋益遠，而不罕者罕矣！亦可以覘世運之升降也！高氏謂："宋版書以活襯紙為佳，而蠶繭紙、鵠白紙、藤紙固美，而存遺不廣！若糊褙宋書，則不佳矣！余見宋刻大版《漢書》，不惟內紙堅白，每本用澄心堂紙數幅為副；今歸吳中，眞不可得！"張應文《清祕藏》亦稱："余向見元美家班、范二書，乃眞宋朝刻之祕閣，特賜兩府者，無論墨光煥發，紙色堅潤，每本用澄心堂紙為副，尤為精絕！"按明太倉王世貞元美家藏班、范二《漢書》，為元趙孟頫子昂松雪齋故物，桑皮紙，白潔如玉，四傍寬廣；字大者如錢，絕有歐、柳筆法；細書絲髮膚紙，墨色精純，奕潘流滴。蓋自眞宗朝刻之祕閣，特賜兩府；而其人亦自寶惜，四百年而手若未觸者！清乾隆間，進入內府，為天祿琳琅之冠。此在元明，已為瓌寶；吾輩措大，無福得見！若在清代論宋版者，貴羅紋紙！孫從添《藏書紀要》曰："若果南北宋刻本，紙質羅紋不同；字畫刻手，古勁而雅；墨氣香淡，紙色蒼潤，展卷便有驚人之處！"黃丕烈得宋刻《圖畫見聞志》四、五、六共三卷，見字畫方板，疑為翻宋本，而細辨字畫，遇宋諱皆缺筆；而揭去舊時背紙，見原紙皆羅紋闊簾而橫印者，始信宋刻宋印（《士禮居藏書題跋記》）。此是所聞。若云所見，北平圖書館藏有宋刊王欽若等撰《册府元龜》殘册，羅紋紙印，亦稀祕矣！

宋刻本率由善書之士，謄寫上版，故字體各異，其中以大小歐體字刻版者為最適觀；以其間架波磔，濃纖得中，而又充滿，無跛跡肥胜之病。黃丕烈《士禮居藏書題跋記》載宋刻《禮記》二十卷，云："字畫整齊"。宋刻《史載之方》二卷，云："字畫斬方，神氣肅穆"。殘宋刻《圖書見聞志》六卷，云："字畫方板；南宋書棚本如許丁卯、羅昭諫唐人諸集，字畫方板皆如是"。而陸心源《皕宋樓藏書志》載宋真宗時刊白氏《六帖類聚》三十卷，云："歐書極精"。則又在黃跋所記諸刻以前，皆用歐體者也。儻有參以他種筆意者，則尤名貴。如王世貞跋元趙文敏松雪齋藏班、范二《漢書》，云："有歐柳筆法"。《皕宋樓藏書志》載宋禮部官書《六韜》六卷，云："字畫方勁，有歐顏筆意"。北平圖書館藏有宋淳熙三年刊小字本《通鑑紀事本末》殘册，書法秀整，體兼顏、柳，皆罕品也！元以降，趙松雪之書盛行，刻書多仿其體；其尤著者，如至元後己卯花谿沈氏伯玉刊元趙孟頫《松雪齋集》十卷、《外集》一卷，南京圖書館有藏本，《四部叢刊》有景印本，字仿文敏，摹刻最精。其次《皕宋樓藏書志》載元印袁桷《清容居士集》五十卷，云："字有趙子昂筆意"。《四部叢刊》亦有景印本。吳縣徐康子晉《前塵夢影錄》稱："昔在申江書肆得《黃文獻公集》二十二卷（黃溍撰），狹行細字，筆筆趙體；每卷後有門人宋濂、方孝孺校，卽錢竹汀宮詹所見之本也。元代不但士大夫競學趙書，其時如官本刻經史、私家刊詩文集亦皆摹吳興體。至明初，吳中四傑高啟、楊基、張羽、徐賁尚沿其家法。卽刊版所見，如《茅山志》《周府袖珍方》皆狹行細字，宛然元刻，字形仍作趙體。沿至匏庵《家藏集》（吳寬撰）、《東里文集》（楊士奇撰），仍不失元人遺意。"明天順刊楊士奇《東里文集》二十五卷、《詩集》三卷、《續集》六十二卷、《別集》四卷、《待言錄》一卷、《附錄》四卷，南京圖書館藏有鈔配本。然元刻亦有歐體者。北平圖書館藏有至大重修《宣和博古圖錄》殘册，雕造精工，字橅歐陽，自是橅宋如此耳！明隆、萬間，❶ 乃有專作方體之書工以備鋟板者，卽今日盛行之宋體字也。吾宗梅溪先生（名泳）《履園叢話》云："有明中葉，寫書匠改為方筆，非顏非歐，已不成字；近時則愈惡劣，無筆畫可尋矣！"

　　蕭山王端履小穀《重論文齋筆錄》云："或謂余曰：'宋人刻書，每行字數，如其行數。如每葉二十行，則每行各二十字；每葉二十二行，則每行各二十二字。'此亦不盡然！如錢竹汀《日記鈔》所載宋板《儀禮注》，每葉二十八行，行二十四字。宋刻《漢書》每葉二十八行，行二十四字。宋刻《司馬溫公集》，每葉二十四行，行二十字。宋刻《史記》每葉二十六行，行二十五字；又一本，每葉十八行，每行十六或十七字。宋刻《列子》，每葉二十四行，行二十五字。則其說不足據矣！"然宋版行字兩較，以全版計算，多少似覺相懸；以半版計數，則出入僅一二字而已。光緒間元和江標建霞嘗撰宋元本《行格表》，屬湘潭劉肇隅編校之。肇隅旣手自編寫，間亦拾遺補闕，私以例檃括之；其自四行至二十行，與四部分列之數，

---

❶ 謂明隆慶、萬曆（1567~1573）年間。——編者註

及行字之先少後多，悉依江說，詳注引用之書，凡二卷。其稱景宋鈔本、景元鈔本、明繙宋本、明仿宋本者，苟非確有取證，則概附卷末為附錄。蓋言宋元行格者，於是而集大成焉！大抵宋版行少者，每半葉四行，行八字，如寶祐五年陳蘭森所刻《干祿字書》。行多者，每半葉二十行，行二十七八字至三十字不等，如南宋刻《九經》白文(葉德輝《書林清話》)。而語涉宋帝皆空格。《皕宋樓藏書志》所載，則有宋刊沈括《夢溪筆談》二十六卷，影宋寫廖剛《高峯集》十二卷，宋刻宋印周必大《周益文忠集》殘本六十九卷（事涉宋帝皆空一格，亦有空二格者）。宋刊《九經補韻》一卷，文天祥《新刻指南錄》四卷，東萊先生《分門詩律武庫前後集》三十卷可證。而元刊元印黃溍金華《黃先生文集》四十三卷，南京圖書館之有影鈔本者，則語涉元帝皆頂格矣！

黃丕烈《士禮居藏書題跋記》載：嘉定王狀元敬銘家藏嚴本《儀禮注》，每卷末有經若干字，注若干字，分兩行。十七卷末，有經共計若干字，注共計若干字，此古式也。按卷末記明經、注字數，此為宋版經書刻式，而非子、史、集部所有。余仁仲萬卷堂刊《周禮鄭注陸音義》《禮記》《春秋公羊經傳解詁》《春秋穀梁經傳范寧集解》，卷後皆記經注音義字數，已如前述。北平圖書館藏有宋刊建大字本《春秋左傳》殘冊，每卷終有經傳幾千幾百幾拾幾字。而《四部叢刊》景印涵芬樓藏宋刊《周禮》十卷，卷末各記經注字數。常熟瞿氏鐵琴銅劍樓藏宋刊《爾雅》三卷，卷末總計經若干字，注若干字。長沙葉氏觀古堂藏明徐氏翻宋刊《儀禮》十七卷，卷末記經注字數，與宋嚴州小字本同。

蝴蝶裝者，不用線釘，但以糊黏書背，夾以堅硬護面；以板心向內，單口向外，揭之若蝴蝶翼然！阮元仿宋刻《古列女傳》，其原書卽如此裝式。不惟宋刻，金元亦有之！以余所見於北平圖書館者：宋刻之蝴蝶裝者，經部有宋朱震撰《漢上易集傳》殘册，曾穜撰《大易粹言》殘册，漢焦贛《易林注》殘册，朱子《詩集傳》殘册，陳祥道撰《禮書》殘册（兩部），陳暘撰《樂書》二百卷，又殘册（兩部，一部藍皮蝶裝，一部黃綾裝卷首），建大字本《春秋左傳》殘册；史部有兩淮江東轉運司刻《漢書》殘册（兩部），《後漢書》殘册（兩部，一用黃綾裝，一用藍紙），《晉書》殘册（兩部，一為宋刊元明遞修本），蜀大字本《宋書》殘册（兩部），《梁書》殘册，《陳書》殘册，蜀大字本《魏書》殘册，蜀大字本《北齊書》殘册，《唐書》殘册（兩部，一為宋刊元補），《五代史記》殘册，《資治通鑑》殘册（兩部），大字本《通鑑紀事本末》殘册（兩部，一為白皮紙，一為竹紙），小字本《通鑑紀事本末》殘册；子部有宋王欽若等撰《册府元龜》殘册，集部有朱文公《晦庵文集》一百卷。至於金刻，則有《尚書正義》二十卷。元刻，則經部有元敖繼公撰《儀禮集說》殘册、《讀晦庵孟子集解衍義》殘册，戴侗撰《六書故》殘册；史部有《晉書》殘册，《南史》八十卷，《宋史》殘册，《遼史》殘册（三部），《金史》殘册（兩部），《續資治通鑑》殘册，宋鄭樵撰《通志》二百卷，元潘仁撰《陸宣公奏議纂注》殘册，張鉉撰《至正金陵新志》殘册，宋馬端臨撰《文獻通考》三百四十八卷。垂至明初，猶見蝶裝，則有明初黑口本《元史》殘册，永樂中用南監九行本《齊書》、十行本《晉書》《魏書》《隋書》印訂《四史外戚傳》四卷；蓋蝶裝書之多，未有見如北平圖書館之夥頤沈沈者，可謂洋洋乎大觀也哉！徐康《前塵夢影錄》曰："余在玉峯，得《鴻慶居士大全集》（宋孫覿撰），舊為澹生堂鈔藏，計帙每本面葉有祁氏藏書銘，棉料紙，藍格，五色線釘，刀口不齊。據湖州書友云：'明代人裝釘書籍，不解用大刀，逐本裝釘。'以此集相證，始信！"蓋明人切書，一本為一本，推而至於宋元本，亦無不然。北平圖書館藏宋元本殘册，或蝴蝶裝，或紙捻釘，或線裝，皆無數本一刀切者，亦此可供鑒賞者之一證佐已！

元世祖至元十五年四月，以集賢大學士許衡言，遣使取杭州等處，凡在官書籍板刻至京師（《續文獻通考》）。二十七年，立興文署，召工刻經、史、子板，以《資治通鑑》為起端（《元史·百官志》）。瞿鏞《鐵琴銅劍樓書目》、陸心源《儀顧堂題跋》、莫友芝《宋元本舊書經眼錄》，於興文署本至元二十七年刻《資治通鑑》二百九十四卷，皆見著錄。而嘉慶間鄱陽胡克家果泉刻《資治通鑑》，卽繙興文署本。此元官本之尤著名者也！顧炎武《日知錄》曰："宋元刻書，皆在書院，山長主之（原注，主書院者謂之山長），通儒訂之，學者則互相易而傳布之。故書院之刻，有三善焉：山長無事而勤於校讎，一也。不惜費而工精，二也。板不貯官而易印行，三也。"南京圖書館藏有元至正乙巳刊宋繒雲鮑彪校注元蘭溪吳師道重校《戰國策校注》十卷（至正，順帝年號），第三、四、五、六卷末，有至正乙巳前藍山書院山長劉墉重校刊一行；第八、九、十卷末，有平江路儒學正徐昭文校勘一行。《四部叢刊》有景印本，而北平圖書館，亦藏其殘册焉（存卷四又八之十）。

元時，州縣皆有學田，所入謂之學租，以供師生廩餼；餘則刻書，工大者，合數處為之，故讎校刻畫，頗有精者（顧炎武《日知錄》）。北平圖書館藏有元刊《後漢書》殘册，首列景祐校正《後漢書》狀，狀後有"大德九年乙巳十月望日寧國路儒學雲教授任內刊"兩行。《四部叢刊》景印江陰繆氏藝風堂藏元刊漢班固撰《白虎通德論》十卷，乃大德九年（大德，成宗年號）李晦以郡守劉平父藏宋監本，刊於無錫縣學者。而景印烏程劉氏嘉業堂藏，明萬曆刊後漢趙曄撰《吳越春秋》十卷，末題"大德十年歲在丙午三月音注，越六月書成刊板，十二月畢工"兩行、"前文林郎國子監書庫徐天祐音注"一行，及紹興路儒學校刊銜名四行，蓋重開大德本也。其大部書合數處為之者：大德丙午，建康道廉訪使徇太平路之請，分行十路儒學合刻《十七史》，為元代路學最善之本。其可徵見者：《兩漢書》則太平路，《三國志》則池州路，《隋書》則瑞州路，《北史》則信州路，《唐書》則平江路。或於版心刊明，或於卷首刊明，或於卷末刊明。南京圖書館藏有明重刊元大德太平路學本《漢書》一百卷，元大德丙午池州路學刊明修本《三國志》六十五卷，元大德瑞州路學刊本《隋書》八十五卷，元大德信州路學刊本《北史》一百卷，諸本具見名家藏書著錄。其可徵見者也，涵芬樓景《百衲本二十四史》，其中《隋書》《南史》《北史》，皆云大德路學刊本。《隋書》，饒州路，《北史》，信州路；獨《南史》不記刊刻地名，不知屬於何路？出桐學儒生趙良燊書，字迹圓密，寫刻雅近南宋，元季路學刊本數見。他刻偽字，此本皆不譌。蓋尤珍罕者已！

　　《日知錄》稱："洪武初，悉收上國學。今南監《十七史》諸書，地理歲月，勘校工役並存，可識也。今學既無田，不復刻書，而有司間或刻之，然祇以供餽贐之用；其不工反出坊本下，工者不數見也！昔時入覲之官，其餽遺，一書一帕而已，謂之書帕。自萬曆以後，改用白金。"王士禛《居易錄》云："明時，翰林官初上，或奉使回，例以書籍送署中書庫，後無復此制矣！又如御史巡鹽茶、學政、部郎榷關等差，率出俸錢刊書，今亦罕見。"此實出於宋漕司郡齋刻書之習，沿為故事，然校勘不善。顧炎武謂："其不工反出坊本下。"至今藏書家，均視當時書帕本，比之經廠坊肆，名低價賤，殆有過之！清同光間，湖北官書局刻《百子全書》中《孔叢子》，卽出明書帕本；《爾雅》《孔臧賦》《連叢》皆刪去。然其中亦自有佳者。南京圖書館藏有正德十年（正德，武宗年號）吉府重刻陸相本漢賈誼撰《新書》十卷。先是，正德九年，長沙守陸相得宋淳熙辛丑提學漕使程公舊版於故櫝中，補刻成書；蓋以備書帕之用者也。《四部叢刊》有吉府重刻之景印本焉。《四部叢刊》又景印江安傅氏雙鑑樓藏明刊漢徐幹撰《中論》二卷；蓋嘉靖乙丑，青州知府四明杜思重刻弘治本（嘉清，世宗年號）。烏程劉氏嘉業堂藏明刊宋陳傅良撰《止齋先生文集》五十三卷；蓋明弘治間，編修王瓚錄自祕閣，授溫州守莆田林長繁，乙丑刻本，皆書帕本也。至所景印涵芬樓藏明刊唐韋應物撰《韋江州集》十一卷，有嘉靖戊申，晉陵華雲序，謂"權事江州，歷覽序傳，知韋公曾刺是邦，爰刻是編"。則亦書帕本也。然雕刻極精，經廠不如矣！

明司禮監有經廠庫以藏書板，其印本或稱為經廠本。北平圖書館藏有經廠本宋朱熹撰《孟子集注》十四卷、經廠大字本唐吳競撰《貞觀政要》殘冊、經廠本宋眞德秀撰《大學衍義》殘冊，南京圖書館藏有正統司禮監刊宋朱熹撰《詩集傳》二十卷、正統經廠本宋陳澔撰《禮記集說》十六卷、吉府繙正統經廠本《四書》二十六卷附《大學中庸或問》二卷（正統，英宗年號）；此經廠本之可徵見者。藩府刻本，亦稱名貴，而吉府其一。其它見著錄者，曰蜀府、代府、崇府、肅府、唐府、晉府（寶賢堂，亦稱志道堂，亦稱虛益堂，又稱養德書院）、益府、秦府、伊府、魯府（敏學書院，亦稱承訓書院）、趙府（居敬堂，亦稱味經堂）、楚府、寧藩、周藩、潘藩、德藩（最樂軒）、潞藩。吉府刻多諸子，晉府刻多總集，益府刻多茶書。而北平圖書館藏有嘉靖秦藩刊《史記》一百三十卷。南京圖書館藏有嘉靖魯藩刊晉葛洪撰《抱朴子》七十卷、嘉靖秦藩刊鮑龍雲撰《天原發微》五卷、嘉靖益府刊明張九韶編《理學類編》八卷、萬曆益藩《新刊增修大廣益會玉篇》三十卷、《篇韻指南》一卷、《總目》一卷。《四部叢刊》景印者，則有南京圖書館藏魯藩刊《抱朴子》及涵芬樓藏趙府居敬堂刊《靈樞經》十二卷焉。

明代坊肆，亦以建安為盛。可徵見者，有建安務本堂，有建安書市鼎新，有書林劉宗器安正堂，有書戶劉氏愼獨齋；而愼獨齋所刻為夥、為著！北平圖書館，藏有愼獨齋刊《西漢文鑑》二十一卷，《東漢文鑑》二十卷，首行石壁野人陳鑑編次行建陽京兆劉弘毅刊印。而南京圖書館藏有正德劉洪愼獨齋刊宋章如愚撰《羣書考索前集》六十六卷，《後集》六十五卷，《續集》五十六卷，《別集》二十五卷，呂祖謙撰《十史詳節》二百七十三卷（正德，武宗年號）。務本堂、鼎新，不如愼獨齋之著，而時頗早！北平圖書館藏有洪武戊辰建安務本堂重刊元董眞卿撰《周易會通》十四卷（洪武，太祖年號），洪武二十一年孟春建安書市鼎新刊行元尹起莘撰《資治通鑑綱目發明》五十九卷。自宋至明，六百年間，建安書市擅天下之富，而愼獨齋刊，則為明本之珍！高濂《燕閒清賞箋》稱："國初愼獨齋刻書，似亦精美。"而徐康《前塵夢影錄》謂："正德時，愼獨齋本《文獻通考》細字本，遠勝元人舊刻，大字巨册，僅壯觀耳！"此坊肆之罕品也！

明人家刻之著聞者：經部則有吳郡沈辨之野竹齋刻《韓詩外傳》十卷，吳郡袁褧嘉趣堂嘉靖癸巳仿宋刻《大戴禮記》十三卷；史部則有震澤王延喆恩褒四世之堂嘉靖丁亥刻《史記集解索隱正義》一百三十卷；子部則有顧春世德堂嘉靖癸巳刻老、莊、列、荀、揚及《中說》六子全書，袁褧嘉趣堂嘉靖乙未仿宋刻《世說新語》三卷；

集部則有東吳徐時泰東雅堂刻宋廖瑩中世綵堂《韓昌黎集》四十卷，《外集》十卷。吳郡沈辨之野竹齋校雕《韓詩外傳》（沈辨之，名與文，嘉靖間人），北平圖書館有藏本，《四部叢刊》有景印本。袁褧嘉趣堂重雕《大戴禮記》，《四部叢刊》亦有景印本。澤震王延喆刻《史記》（王士禎《池北偶談》云：明尚寶少卿王延喆，文恪少子也，其母張氏，壽寧侯鶴齡之妹昭聖皇后同產。延喆少以椒房入宮中，性豪侈，一日有持宋槧《史記》求鬻者，索價三百金，延喆紿其人曰：姑留此，一月後可來取直。乃鳩集善工，就宋版本摹刻，甫一月而畢工。其人如期至索直，故紿之曰：以原書還汝，其人不辨真贗持去，既而復來曰：此亦宋槧，而紙不如吾書，豈誤耶？延喆大笑，告以故，因取新雕本散置堂上，示之曰：君意在獲三百金耳！今如數予君，且為君書幻千萬億化身矣。其人大喜過望。今所傳有震澤王氏摹刻印，即此本也），南京圖書館有藏本，清同光間湖北官書局有仿雕本。顧春世德堂刻《六子》，北平圖書館藏有《莊子》《文中子》《中說》，南京圖書館藏有《莊子》《荀子》《揚子》《文中子》。袁褧嘉趣堂刻《世說新語》，《四部叢刊》有景印本。徐氏東雅堂刻《韓昌黎集》，南京圖書館有藏本，清同光間蘇州官書局有仿雕本，皆明本之精好者。

明以來，活字版盛行，出於吾無錫安國家者，流傳最廣，為世珍祕；其次華氏，而華氏印本，有曰蘭雪堂，有曰會通館。蘭雪堂為華堅會通館，始華燧，同縣邵文莊公寶《容春堂集會通君傳》云："會通君，姓華氏，諱燧，字文輝，無錫人。少於經史多涉獵，中歲好校閱同異，輒為辨證，手錄成帙，遇老儒先生，即持以質焉。既而為銅字板以繼之曰：'吾能會而通矣'！乃名其所曰會通館，人遂以會通稱，或丈之，或君之，或伯仲之，皆曰會通云。"會通館本，見著錄者：宋洪邁撰《容齋隨筆》十六卷，《三筆》十六卷，《四筆》十六卷，《五筆》十卷（瞿鏞《鐵琴銅劍樓書目》，陸心源《皕宋樓藏書志》）；宋趙汝愚撰《諸臣奏議》一百五十卷（見瞿鏞《鐵琴銅劍樓書目》），宋不知何人撰《錦繡萬花谷前集》四十卷，《後集》四十卷（見繆荃孫《藝風堂藏書續記》）。而南京圖書館藏有明繙會通館活字本《容齋隨筆》至《五筆》。華堅字允剛，無可考，然燧三子曰塤、奎、壁，五行之次，火生土，皆取土旁為名；則堅從土旁，殆燧之猶子歟（葉昌熾《藏書紀事詩》）？所刻書有"錫山蘭雪堂華堅允剛活字銅版"圖記一條。可考見者，有漢董仲舒《春秋繁露》十七卷，蔡邕《蔡中郎文集》十卷（見瞿鏞《鐵琴銅劍樓書目》，陸心源《皕宋樓藏書志》）。唐歐陽詢等撰《藝文類聚》一百卷，元稹《元氏長慶集》六十卷，白居易《白氏長慶集》七十卷（見瞿鏞《鐵琴銅劍樓書目》），而《四部叢刊》景印涵芬樓藏《蔡中郎文集》，卽華堅蘭雪堂活字本也。又有華珵者，亦以活字版著名。珵字汝德，以貢授大官署丞，善鑒別古奇器法書名畫，築尚古齋，實諸玩好其中；又多聚書，所製活板甚精密，每得祕書，不數日而印本出矣！其見著錄者，則有宋陸游撰《渭南文集》五十卷（見黃丕烈《士禮居藏書題跋記》），左圭撰《百川學海》（見陸心源《皕宋樓藏書志》）。而華珵刻《渭南文集》，南京圖書館有藏本，《四部叢刊》有景印本。然華氏所刻書，不如安國之精！國字民泰，居積諸貨，人棄我取，贍宗黨，惠鄉里，乃至平海島，濬白茆河，皆有力焉！父喪會葬者五千人。嘗以活字銅版印諸書，可徵見者，則有唐顏眞卿《顏魯公文集》十五卷（見烏程嚴可均景文《鐵橋漫稿》，陸心源《皕宋樓藏書志》），宋魏了翁《鶴山大全文集》一百十卷（見黃丕烈《士禮居藏書題跋記》），明沈周《石田詩選》十卷

（在上海四馬路博古齋書店見之）。而《顏魯公文集》，北平圖書館、南京圖書館咸有藏本，《四部叢刊》有景印本，每葉魚尾上有"錫山安氏館"五字。而《魏鶴山集》，南京圖書館藏，闕一卷（卷第一百八），藍世尤稱珍祕也。又繙宋版大字本，唐徐堅等撰《初學記》三十卷，則刻本而非活字本矣！其餘叢刻書，以陽山顧元慶四十家文房小說為最精，而以新安程榮《漢魏叢書》為尤著焉！

清有天下，文教蔚興。有內府刊欽定各書（見禮親王《嘯亭雜錄續錄》）。有武英殿刊版《十三經》《二十四史》，聚珍版《叢書》（通行者一百三十八種，福州重刻、杭州重刻三十九種）。有各省局刻書院刻各書。而私家刻書當以常熟毛晉子晉之汲古閣，長白納蘭性德容若之通志堂，鎮洋畢沅秋帆之經訓堂，餘姚盧文弨抱經之抱經堂，陽湖孫星衍淵如之平津館，歙縣鮑廷博淥飲之知不足齋，江都秦恩復敦夫之石硯齋，海寧吳騫兔牀之拜經樓，揚州馬曰璐半查之小玲瓏山館，吳縣黃丕烈蕘圃之士禮居，儀徵阮元芸臺之文選樓，石門顧修菉崖之讀畫齋，三原李錫齡孟熙之惜陰軒，昭文張海鵬若雲之借月山房，金山錢熙祚雪枝之守山閣，南海伍崇曜紫垣之粵雅堂，海寧蔣光煦生沐之別下齋，南海潘仕誠德畬之海山仙館，金山錢名培夢花之小萬卷樓，吳縣潘祖蔭伯寅之滂喜齋、功順堂，歸安姚覲元彥侍之咫進齋，陸心源存齋之十萬卷樓，會稽章壽康碩卿之式訓堂，遵義黎庶昌蒓齋之古佚叢書，江陰繆荃孫筱山之雲自在龕，蘭陵徐乃昌積餘之積學齋，南潯劉承幹翰怡之嘉業堂，多者千卷，少亦數十。其刻書多倩名手工楷書者寫樣上版，焯焯可考見者，毛晉汲古閣刻書，則江陰周硯農榮起刊正。硯農精六書之學，王士禎《居易錄》、繆荃孫《雲自在龕筆記》皆著稱之。陸心源《皕宋樓藏書志》，集部有王士禎池北書庫舊藏江陰王逢原吉《梧溪集》七卷，周硯農手鈔本，後有士禎一跋，稱："壬申歲，門人楊庶常名時所貽，江陰老儒周榮起硯農氏手錄本也。書學鍾太傅，稍雜八分，終卷如一。硯農壽八十有七，乃卒。"尾署漁洋山人，士禎別號也。士禎《漁洋山人精華錄》十卷，侯官林佶吉人手寫上版，莫友芝《舊本書經眼錄》極稱之。汪琬《堯峯文鈔》四十卷，陳廷敬《午亭文編》五十卷，亦佶寫刻也。然按王士禎《香祖筆記》載："黃子鴻，名儀，常熟人。隱居博學，工書法，予刻《漁洋續集》將仿宋槧，苦無解書者。門人崑山盛誠齋侍御符升聞子鴻多見宋刻，獨工此體，因禮致之，子鴻欣然而來，都無厭倦。今《續集》自首迄尾，皆其手書也。"儀於江藩《漢學師承記》及近人支偉成《清代樸學大師列傳》，皆著其行實。《江記》附胡渭，《支傳》附顧祖禹，而《支傳》較詳，亦祇敍其博通羣籍，尤長輿地，而不知其工仿宋體書也。徐康《前塵夢影錄》云："嘉慶中年，許翰屏以書法擅名。當時刻書之家，均延其寫樣，如士禮居黃氏、享帚樓秦氏（按：秦恩復敦夫有享帚精舍，不名樓也，此即石硯齋）。平津館孫氏，藝芸書舍汪氏（士鍾）以及張古餘（敦仁），吳山尊鼐諸君所刻影宋本祕籍，皆為翰屏手書。享帚樓刻呂衡州、李翱等集，顧澗翁（廣圻）更覓得足本沈亞之等集七家，皆用昌皮紙，浼翰屏精寫，不加裝釘，但用夾板平鋪，以便付梓。一技足以名世，洵然！"則於周榮起、林佶、黃儀之外，又得一人矣！亦有著書自寫刻版者，則興化鄭燮克柔自寫《板橋集》，錢唐金農壽門自寫《冬心集》，而尤以吳縣江聲艮庭自寫篆字《尚書集注音疏》十二卷、《經師系表》一卷、《釋名疏證》八卷、《補遺》一卷，張敦仁自書草體《通鑑補識誤》三卷，可謂刻版之異軍突起者也！

謹為審其流別，詳其沿革，述《歷史》第二。

讀本第三

　　湘鄉曾國藩滌生《記聖哲畫像》以為："書籍之浩浩，著述者之衆，若江海然，非一人之腹所能盡飲也！要在愼擇焉而已！"南皮張之洞薌濤督學四川時，篹《書目答問》，其略例稱："讀書不知要領，勞而無功。知某書宜讀而不得精校精注本，事倍功半。"然讀書而必曰宋本，匪徒不能；曰能，亦徒豪舉耳！海寧陳其元子莊《庸閒齋筆記》稱："好古者重宋版書，不惜以千金、數百金購得一部，則什囊藏之，不輕示人；卽自己亦不忍數繙閱也！每笑其癡！王鼎臣觀察定安酷有是癖。宰崑山時，得宋槧《孟子》，舉以誇，余請一觀；則先令人負一櫝出，櫝啟，中藏楠木匣，開匣，乃見書；書之紙墨亦古，所刊筆畫，亦無異於今之監本。余問之曰：'讀此可增長智慧乎？'曰'不能！''可較別本多記數行乎？'曰'不能！'余笑曰：'然則不如仍讀今監本之為愈耳！奚必費百倍之錢以購此耶！'王恚曰：'君非解人，不可共君賞鑑。'急收弃之。余大笑。"然則宋槧不易得，得亦珍罕，以骨董視之，非讀本也！今為愼擇約舉經史子集，分別條流，取版本之易得者；要令初學者易買易讀，不致迷罔眩惑而已！

　　（甲）經部　北宋各經注疏，皆單行。其合幷為一，阮元刻南昌學《注疏》後作《校勘記》，據日本山井鼎《七經孟子考文補遺》

《左傳》一引《禮記》三山黃唐跋云："本司舊刊《易》《書》《周禮》正經、注疏萃見一書，便於披繹，它經獨闕，紹興辛亥，遂取《毛詩》《禮記》疏義，如前三經編彙，精加讎正。乃若《春秋》一經，顧力未暇，姑以貽同志。"以其題年紹興辛亥，遂謂合注於疏，在南北宋之間。

宋槧經籍，有白文，有單注；而合疏於注，其後起者也。世所行者：白文以無錫秦鏌刻巾箱本《九經》為佳，單注以《相臺五經》為佳；而注疏合一，則以阮元、南昌學刻《十三經注疏》為佳。秦本白文亦摹宋刻。巾箱本不分卷，簡端有音，世稱為澄江本，實臨江府刻本也。無錫秦鏌以清康熙間訂正重刊（康熙，聖祖年號）。王士禛《分甘餘話》云："近無錫秦氏摹宋刻小本《九經》，剞劂最精，點畫不苟，聞其板已為大力者負之而趨。余曾見宋刻於倪檢討雁園燦許，與秦刻方幅正同；然青出於藍而青於藍矣！"海昌吳騫兔牀《拜經樓藏書題跋》載："宋刻《九經》白文，每葉四十行，行二十七字；蓋即漁洋先生《居易錄》所載倪雁園尚書家小本《九經》，乃宋麻沙本之佳者；蓋明錫山秦氏刊本之所祖也。其經文字句，較時本間多不同。如《曾子問》'殷人既葬而致事'，下有'周人卒哭而致事'句，殆宋人因皇氏之說而增之，與日本《七經考文》所引古本相符；其餘字句不及備載。又《左氏春秋》前不列惠公元妃傳文一段，蓋古經與傳本不相聯屬，後人取便，合傳以附經。此本首闕傳文，豈先儒不敢以傳前經之意歟？"然王士禛以為秦刻勝宋；而餘姚盧文弨抱經則謂不如。嘗見意於跋《白虎通》曰"書貴舊刻；如《九經》小字本，吾見南宋本，已不如北宋本。明之錫山秦氏本又不如南宋本。今之翻秦本者，更不及焉！"

秦本原刻不分卷，凡《易》二十一葉，《書》二十六葉，《詩》

四十七葉，《左傳》一百九十八葉，《禮記》十三葉，《周禮》五十五葉，《孝經》三葉，《論語》十六葉，《孟子》三十四葉，每葉四十行，行二十七字，行密如櫛，字纖如髮；幾可亂眞，上格標載音義（見丁丙《善本室藏書志》）。其繙刻者，則每半葉十四行，行二十八字；其書為《易》三卷，《書》四卷，《詩》四卷，《周禮》六卷，《禮記》六卷，《春秋左傳》十七卷，《孝經》一卷，《論語》二卷，《孟子》七卷，合五十卷，附《大學中庸章句》一卷，《小學》二卷。其所自出之宋刊，南京圖書館有藏本，蓋吳騫故物也。而無錫縣圖書館，則藏有秦本之繙刻云。

至岳珂《相臺五經》，繙本不一；凡《易》九卷，王、韓注附《略例》一卷；《書》十三卷，孔傳；《詩》二十卷，毛傳鄭箋；《春秋左傳》三十卷，杜集解；《禮記》二十卷，鄭注。其校刻之總例所傳《九經三傳沿革例》者稱：以家塾所藏唐石刻本，晉天福銅版本，京師大字舊本，紹興初監本，監中見行本，蜀大字舊本，蜀學重刊大字本，中字本，又中字有句讀附音本，潭州舊本，撫州舊本，建大字本(俗謂無比九經)，俞韶卿家本，又中字凡四本，婺州舊本，併興國于氏建余仁仲，凡二十本；又以越中舊本。註疏，建本有音釋註疏，蜀註疏，合二十三本；專屬本經名士，反覆參訂，始命良工入梓。可謂宋本之總匯矣！特是有注而無疏；未若黃唐所云"正經注疏，萃見一書"之"便於披繹"也。有宋十行本注疏者，即岳珂《九經三傳沿革例》所載建本有音釋注疏者也。其書刻於宋南渡之後，由元入明，遞有修補。至明正德中，其板猶存；是以十行本為注疏合本最古之冊。此後有閩板，乃明嘉靖中（嘉靖，世宗年號）用十行本重刻者。有明監版，乃明萬曆中（萬曆，神宗年號），用閩本重刻者。有汲古閣毛氏版，乃明崇禎中（崇禎，思宗年號），用明監本重刻者。而究其朔，則輾轉出十行宋本。

阮元家所藏十行宋本，有十一經，但無《儀禮》《爾雅》，而有蘇州北宋所刻之單疏版本，為賈公彥、邢昺之原書。此二經更在十行本之前。元舊作《十三經注疏校勘記》，雖不專主十行本、單疏本，而大端實在此二本。嘉慶末（嘉慶，仁宗年號），巡撫江西，因以二本撫刻為南昌學官本。《易》則校以唐開成石經本（開成，文宗年號），岳珂刻單注本，錢曾校單注、單疏兩本，盧文弨傳錄明錢孫保求赤校影宋注疏本，十行九卷本，閩監本（即南監），監本（即北監），毛晉汲古閣本，日本山井鼎、物茂卿《七經孟子考文補遺》引古本，足利本，宋本。《書》則校以唐石經本，宋臨安石經本，岳珂單注本，宋十行本，閩監本，監本，明葛鼐永懷堂刻單注本，《七經孟子考文補遺》引宋版本。《詩》則校以唐石經本、南宋石經殘本，孟蜀石經殘本，南宋刻十三行、行二十四字小字本，武英殿重刻岳珂單注本，明十行、行十八字本（小注行二十三字），七十卷注疏本，閩監本，監本，汲古閣本，《七經孟子考文補遺》引古本。《周禮》則校以唐石經本，錢孫保舊藏宋刻單注本（宋槧小字本附載音義，《春官》、《夏官》、《秋官》、《冬官》，余仲仁本天地二官；別一宋本，《秋官》以俗本抄補，非佳者，以臧庸據宋刻大字本秋官二卷校補），明嘉靖刻單注本（八行十七字，不附音義），惠棟校宋注疏本（附釋音十行十七字，注雙行二十三字），閩監本，監本，汲古閣本。《儀禮》則校以唐石經本，宋嚴州刻單注本，明嘉靖徐氏翻宋刻單注本，明鍾人傑刻單注本，明葛鼐永懷堂刻單注本，北宋咸平刻單疏本（十五行三十字。咸平，真宗年號），閩監本，監本，汲古閣本。《禮記》則校以唐石經本，南宋石經本，岳珂單注本，明嘉靖刻單注本（此與《周禮》《儀禮》同為徐氏刻本），正德

130

修補南宋附刻釋音、注疏十行本（正德，武宗年號），閩監本，監本，汲古閣本，惠棟據不附釋音宋刻正義校汲古閣本，盧文弨、孫志祖校汲古閣本，《七經孟子考文補遺》引宋板本釋文，葉林宗影宋抄本，宋淳熙撫州公使庫刻本（淳熙，孝宗年號）。《左傳》則校以唐石經本，南宋刻《春秋集解》殘本（十行，字數不一），北宋刻小字集解殘本(十一行，二十三、四、五字不一)，宋淳熙刻小字附釋音本(十行十八字，注雙行二十二字)，岳珂單注本，宋刻纂圖集解本(十行，行字數不一)，宋慶元沈中賓刻正義本（八行，行十六字，注雙行二十二字。慶元，寧宗年號），明正德修補宋刻注疏本（十行十七字，注雙行二十三字），閩監本，監本，明吳士元、黃錦等重修監本，汲古閣本。《公羊》則校以唐石經本，惠棟過錄何煌校宋注疏本，明正德修補宋監本，閩監本，監本，汲古閣本。《穀梁》則校以唐石經本，何焯校宋余仁仲刻單注殘本，明章邱李中麓（名開先）藏影宋鈔單疏殘本，何煌校元刻注疏本，明刻十行本，閩監本，監本，汲古閣本。《爾雅》則校以唐石經本，明吳元恭仿宋刻單注本(八行十七字)，元雪窗書院刻單注本（十行十九字，注雙行二十六字），宋刻單疏本（十五行三十字），元刻注疏本（九行二十字），閩監本，監本，汲古閣本，惠棟校本，盧文弨校本，《釋文》，葉林宗影宋鈔本，盧文弨《釋文》考證本。《論語》則校以漢石經殘字，唐石經本，宋紹興石經本，日本刻皇侃義疏本，陳鱣《論語古訓》引高麗本，明修補宋刻注疏本（十行十七字），閩監本，監本，汲古閣本。《孝經》則校以唐石經本，石臺石刻本，宋熙寧石刻本，岳珂單注本，明正德修補元泰定刻注疏本（十行十七字，注雙行二十三字），閩監本，監本，汲古閣本。《孟子》則校以宋高宗行書石刻本，何焯校錄章邱李中麓藏北宋蜀刻大字單注本，何焯校宋劉氏丹桂堂刻單注巾箱本，何焯校岳珂單注本，何焯校宋廖瑩中刻本，孔繼涵刻附音義單注本，韓岱雲本，宋刻注疏十行本，閩監本，監本，汲古閣本，《七經孟子考文補遺》引古本，足利本（據《十三經注疏校勘記》）。為校勘記，附於每卷之末，羅列諸家異同；使人讀一本，如徧讀諸本。又恐讀者不知此文之有異同也，故凡有異文者，於字旁加墨圍焉；有增有減者，於兩字之間加墨圍焉。其為讀者計，固甚周矣！然余讀海寧陳鱣仲魚《經籍跋文》一卷，凡二十篇，宋本《十三經》《四書》具備，獨《毛詩注疏》為元本耳！所記字句與今本異同，多有阮元《校勘記》所未見者。元校刻亦未竣事，而調撫河南。其子福喜孫撰《雷塘盦弟子記》稱：“校書之人，不能如家大人在江西之細心。其中錯字甚多，有監本、毛本不錯，而今反錯者。《校勘記》去取亦不盡善，故大人不以此刻本為善也。”特是彼善於此，卒未見有過之者！廣東、四川皆有繙本，而於諸墨圍皆不刻，大失阮元之意。獨光緒甲辰（光緒，德宗年號），上海點石齋石印本，墨圍俱在；密行細字，而幅之廣狹損半焉！

朱子《四書》，凡《大學章句》一卷，《論語集注》十卷，《孟子集注》十四卷，《中庸章句》一卷，其中《大學中庸章句》有序，署淳熙己酉。而淳熙己酉原板四書，江南相傳僅二部：一藏汪士鍾閬源之藝芸精舍；一藏蔣培澤介青之壽松堂。而蔣氏所藏缺《公孫丑》二卷，於咸豐己未（咸豐，清文宗年號），假常熟瞿氏鐵琴銅劍樓本，得成完璧。鐵琴銅劍樓本，蓋即汪氏所藏者。而蔣氏壽松堂，則為元刊宋本，由錢唐丁丙松生之八千卷樓以入南京圖書館矣！中華書局《四部備要》則有據吳縣吳氏仿宋本校刊《四書》云。

（乙）史部　《四庫提要》以《二十四史》為正史，冠列史部。其彙刻行於世者，有明南北監之《二十一史》，有毛晉汲古之《十七史》，有清武英殿之《二十四史》，有金陵、淮南、江蘇、浙江、湖北五局儳配之《二十四史》。

明南監本，多存宋監元路學舊板，其無正德以後修補者，品不亞於宋元。北監校勘未精，訛舛彌甚，且多不知，妄改，顧炎武《日知錄》既詳論之。汲古開雕，稱隨遇宋版精本考校。然譌脫不少，反多臆改。孫從添《藏書紀要》曰："毛氏汲古閣《十三經》《十七史》，校對草率，錯誤甚多，不足貴也。"

其為世最所通行者，莫如武英殿本。乾隆四年（乾隆，高宗年號），武英殿校刊《十三經》畢，乃援宋監"顧茲《三史》，繼彼《六經》"之語，開雕全史；其目次為《史記》，《漢書》，《後漢書》，《三國志》，《晉書》，《宋書》，《南齊書》，《梁書》，《陳書》，《魏書》，《北齊書》，《周書》，《隋書》，《南史》，《北史》，《舊唐書》，《新唐書》，《五代史》，《宋史》，《遼史》，《金史》，《元史》，凡《二十二史》，中縫魚尾上右方，題乾隆四年校刊，每卷皆有考證。《明史》雕成在先，中縫不記刊行年歲，亦無考證。乾隆三十七年，四庫館開，從《永樂大典》中輯得薛居正《五代史》，四十七年校畢投進，四十九年鏤板，首列多羅質郡王等表文。欽定《四庫全書》以此列入正史，與《二十二》《史明史》，合為二十四史。道光十七年（道光，宣宗年號），武英殿重修并刻遼、金、元三史附《國語解》。同治十三年（同治，穆宗年號），成都書院重刻武英殿《史記》《漢書》《後漢書》《三國志》《五代史》，至於金陵、江蘇、淮南、浙江、湖北五書局合刻二十四史。其中，金陵書局刻《史記》（僅刻《集解》無《索隱》《正義》）《漢書》《後漢書》《三國志》《晉書》《宋書》《南齊書》《梁書》《陳書》《魏書》《北齊書》《周書》《南史》《北史》，淮南書局刻《隋書》（每卷各附考異），浙江書局刻《新唐書》，湖北書局刻《新五代史》，皆依汲古閣本。浙江書局刻《舊唐書》，則依江都岑氏懼盈齋本。而依武英殿本者，僅湖北書局刻《舊五代史》《明史》，浙江書局刻《宋史》，江蘇書局刻遼、金、元三史（遼、金、元三史，依道光十七年武英殿刊附《欽定遼金元三史國語解》四十六卷，厲鶚《遼史拾遺》二十四卷，楊復吉《拾遺補》五卷，錢大昕《元史氏族表》三卷，《補元史藝文志》四卷）六書而已！

光緒間，泰西石印法初傳至中國時，粵之徐氏創同文書局，印精本書籍；最著名者為覆印武英殿《二十四史》，皆全張付印。徒以所得非初印本，字蹟漫漶，乃延人描使明顯，便於付印；又書手非通人，遇字不可解者，輒改以臆，譌謬百出！尤可笑者，自明所據乾隆四年本，而不知四年所刻，固無《舊五代史》，又未見乾隆四十九年殿本，輒依殿板行款，別寫一通板心，亦題乾隆四年；書估無識，有如此者！然世乃以其字蹟清朗，稱為佳本！竹簡齋印《二十四史》，遂用同文書局本，故錯字一仍其舊；而以合兩行為一行，有錯行者，有應另行而圖省紙，與前行迸為一者；至諸表則強以次葉附於前葉之下，乖舛不可究詰。錢唐汪康年穰卿《雅言集》論之甚詳！獨涵芬樓《四部叢刊》景印為得武英殿本之真！然武英殿刻雖號精審，而天祿琳琅之珍祕，內閣大庫之叢殘（現入北平圖書館），史部美不勝收，當日均未及蒐討；僅僅《兩漢》《三國》《晉》《隋》、五史，依據宋元舊刻，餘則惟有明兩監之是賴。"遷史"集解正義多所芟節，《四庫提要》羅列數十條，謂皆殿本所逸；若非震澤王本具存，無由知其妄刪！然何以不加輯補？琅邪章懷《兩漢》舊注，殿本脫漏數字乃至數百字不等。

宋嘉祐時，校刊七史（嘉祐，仁宗年號）。奉命諸臣劉恕、曾鞏、王安國等，皆績學之士，篇末所疏疑義，備極審慎；殿本留貽，不逮其半。實則淳化、景祐之古本，紹興眉山之覆刻（淳化，太宗年號；景祐，仁宗年號；紹興，高宗年號），尚存天壤，何以不亟探求，任其散佚？是則檢稽之略也！《後漢續志》別於范書，殿本既信為司馬彪所撰，而卷首又稱劉昭補志；且併為百二十卷，廁《八志》於紀傳之間。《國志》鼎立，分卷各殊，殿本既綜為六十五卷，而三志卷數，又仍各為起訖。其他大題、小題之盡廢舊式者，更無論矣！是則修訂之歧也！薛氏《五代史》，輯自《永樂大典》及其他各書，卷數具載原稿，乃鋟板之時，悉予刊落；後人欲考其由來，輒苦無從循溯。又諸史均附考證，而《明史》獨否；雖乾隆四十二年，有考覈添修之詔，而進呈正本，迄未刊布。且紀、志、表之百十六卷，猶從蓋闕。是則纂輯之疏也！蜀臣關羽，傳自陳壽，忽於千數百年後，強代秉筆，追諡忠義。薛史指斥契丹，如戎主、戎首、獫狁、賊寇、偽命、犯闕、編髮、犬羊等語，何嫌何疑，概為改避？

又明修《元史》，洪武二年（洪武，太祖年號）先成《本紀》三十七，《志》五十三，《表》六，《傳》六十三，《目錄》二；翌年，續成《紀》十，《志》五，《表》二，《傳》三十又六；釐分附麗，共成二百一十卷，一見於李善長之表，再見於宋濂之記。殿本則取先後成書之數，併為一談。李表既非原文，宋記復失存錄，是則刪竄之誤也！《南齊》巴州之《志》，桂陽始興二王之傳；蜀刻大字，曾無闕文，果肯訪求，何難拾補。然此猶可曰孤本罕見也！宋孝宗之紀，田況之傳，至正初刊，均未殘佚（至正，元順帝年號）；而何以一則竄合二字，充以他葉，一則脫去全葉，文理不貫？然此猶可曰初版難求也！《金史》《禮儀志》《太宗諸子傳》，初印凡闕二葉，嗣已出內府藏本校補矣。而後出之本，一乃補自他書，一仍空留素紙；其他少則一二句，多至數行數十行，脫簡遺文，指不勝屈；猶不止此！闕文之外，更有複葉，如《宋史》卷三十五之《孝宗紀》，《元史》卷三十六之《文宗紀》是。複葉之外，更有錯簡，如《元史》卷五十三之《曆志》是。此則當日校刻諸臣，不能辭其鹵忽者也！

海鹽張元濟菊生每有慨乎言之，乃從事搜輯精刻。如宋慶元建安黃善夫刊本《史記》，宋景祐刊本《漢書》，宋紹興刊本《後漢書》，宋紹熙刊本《三國志》，宋紹興重刊北宋本《晉書》，宋蜀大字本配元明遞修本《宋書》《梁書》《魏書》《北齊書》，宋蜀大字本《南齊書》《陳書》《周書》，元大德刊本《隋書》《南史》《北史》，宋紹興刊本配明嘉靖本《舊唐書》，宋嘉祐刊本《唐書》，吳興劉氏興原輯《大典》本、《舊五代史》，宋慶元刊本《五代史記》，元至正刊本《宋史》《遼史》《金史》，明洪武刊本《元史》，而配之於清乾隆殿本《明史》，為百衲本《二十四史》，付涵芬樓用攝影覆印行世，縮損版式，冀便巾箱。其中所得宋本十有五種，元本六種，明本一種；以校殿本，有正文多出數葉者，有史注多出數十條者，其餘訂譌補闕，不勝枚舉！洵足以補殿本之罅漏，而為乙部空前之祕笈矣！名之曰"百衲本"者，始見嘉定王鳴盛西莊《十七史商榷》載："有某氏者，自誇集諸宋版《史記》，共成一書，凡一百三十卷，小大長短咸備；因李沂公取桐絲精者雜綴為一琴，名百衲琴，故亦戲名此為、百衲史記。"涵芬樓，蓋有影宋百衲本《史記》，影宋百衲本《資治通鑑》云！

司馬光《資治通鑑》，以嘉慶間鄱陽胡克家果泉刻胡三省注為通行。而胡克家刻，則繙元興文署刊本。莫友芝《宋元舊本書經眼錄》載："元興文署刊本《資治通鑑》胡三省注二百九十四卷，裝九十六册；刻字體多波折，四邊線極粗。嘉慶間，鄱陽彷刻，亦稱善本，而未能畢似也！明正、嘉以來，是版歸南監，遞有修補。此本則元末版未漫漶時印。"蓋明以來刻《通鑑》祖本也。明南監本出於此！胡克家刻出於此！而胡克家之刻，其校讎屬之元和顧千里澗蘋。千里《思適齋集》有《通鑑刊誤補正序》，有書元版胡三省注《通鑑》第八十卷後，於興文署刊亦有微詞。其《通鑑刊誤補正序》曰："前鄱陽胡果泉中丞繙雕梅磵注《通鑑》（胡三省字梅磵），史家此書空前絕後！然有三誤：溫公就長編筆削，不復一一對勘元文，遂或失於檢照，是其一也。梅磵雖熟乙部，間有望文生義，乃違本事，是其二也。今所據興文署本，並非梅磵親所開刊，故於正文，有未審溫公之指而錯者，於注，有未識梅磵之意而舛者；是其三也。當各纂為一書，博擇衆說，且下己意。夫知前之二誤，非徧究《十七史》而兼以旁通不辨。知後之一誤，必又資於興文以上舊本。"而書元版胡三省注《通鑑》第八十卷後，則舉《通鑑》晉咸寧五年禹分九州一事，以證興文署刊之有脫譌，胡三省注之當辨正。而興文以上舊本之無胡三省注者，則有涵芬樓《四部叢刊》景宋紹興重刊元祐杭州本焉（元祐，哲宗年號）。

（丙）子部　周秦諸子，自名家學，彙刊始盛明之嘉靖、萬曆，而校讎極盛，清之乾隆、嘉慶。有如餘姚盧文弨抱經之校刻《荀子》二十卷，《賈誼新書》十卷，《董子繁露》十七卷，蔡邕《獨斷》二卷，《顏氏家訓》注七卷；鎮洋畢沅秋帆之校刻《山海經》十八卷，《墨子》十五卷，目錄一卷，《呂氏春秋》高誘注二十六卷；陽湖孫星衍淵如之校刻《六韜》六卷，《晏子春秋》七卷，《孔子集語》十七卷，《孫子》魏武帝注二卷，《孫子十家注》十三卷，《吳子》一卷，《燕丹子》三卷，《鹽鐵論》十卷，《抱朴子內外篇》八卷；全椒吳鼒山尊之校刻《韓非子》附顧廣圻《識誤》二十卷；江都秦恩復敦夫之校刻《列子》盧重元注八卷，《鬼谷子》陶宏景注一卷，《法言》李軌注十三卷；嘉善謝墉金圃之校刻《荀子》楊倞注二十卷；武進莊逵吉伯鴻之校刻《淮南子》高誘注二十一卷；西吳嚴萬里叔卿之校刻《商君書》五卷；蕭山汪繼培之輯注《尸子》二卷，箋《潛夫論》十卷；咸稱善本！其彙刻行於世者，則有繙刻明嘉靖癸巳顧春世德堂大字本之《六子全書》（《老子》二卷，《河上公章句》；《莊子》十卷，晉郭象注、唐陸德明音義；《列子》八卷，晉張湛注；《荀子》二十卷，唐楊倞注；《揚子法言》十卷，宋司馬光集注；《文中子》十卷，宋阮逸注）；有明萬曆戊午常熟趙用賢之《管韓合刻》；有清嘉慶丁卯蘇州書坊彙刻之《十子全書》；有同治間湖北崇文書局彙刻之《百子全書》；有浙江書局彙刻之《二十二子》。世德堂素稱佳刻，然未若浙江書局彙刻《二十二子》之出清儒讎校本。

先是，同治十三年甲戌之秋，浙江書局欲刻諸子，購得《十子全書》一部，而德清俞樾曲園在蘇州從坊間假得觀之，乃嘉慶甲子重鐫本也。十子者，老、莊、荀、列、管、韓、淮南、揚子、文中、鶡冠也，首刻康熙十六年張芳序，則為《莊子》而作，不知何以取冠全書？又刻嘉慶丁卯黃丕烈序，則為王子興刻《九子》而作。九子者，荀、揚、文中、老、列、莊、鶡冠管子、淮南也，視《十子》少《韓非子》，不知何以併為一談也？《十子全書》，本非佳刻；其中惟《荀子》用謝墉本，《淮南子》用莊逵吉本，尚不乖大雅。而重鐫本又坊間逐利雜湊而成，體例不一。樾謂未可據依，因詒書力爭於浙江巡撫楊昌濬。《春在堂隨筆》詳載之。然仁和譚獻《復堂日記》則稱："浙江書局刻諸子：《荀子》，謝塘盧文弨本；《董》《賈》

皆盧本；《法言》，秦恩復本；《中說》，明世德堂本；《老子》，會稽章氏原本校聚珍官本；《文子》，聚珍本；《管子》，明趙用賢本；《孫子》，孫星衍十家注本；《商君書》，湖州嚴萬里本；《韓非》，吳鼐顧廣圻本；《墨子》，畢沅、孫星衍本；《呂氏春秋》，畢沅本；《淮南》，莊逵吉本；《尸子》，汪繼培輯本；《晏子春秋》，孫星衍本；《列子》《莊子》，皆世德堂本。"凡十八子，薈萃名刻，豈曰徒然，與《春在堂隨筆》不同，豈俞樾一書之力耶？

惟浙刻今《二十二子》，中《老子》署據華亭張氏本校刻，似與譚記《老子》會稽章氏原本校聚珍官本者不同；然華亭張氏本者，蓋聚珍官本之所自出。浙刻《老子》，名為據華亭張氏本，實據浙江聚珍本；觀其附識稱遵聚珍本校，及"玄"皆避清諱作"元"，可見也。至譚氏之所未記者：《黃帝內經》，明武陵顧氏景宋嘉祐本；《山海經》，畢沅本；《竹書紀年》，徐文靖本；《孔子集語》，孫星衍輯本；合譚記十八子稱《二十二子》。譚記又稱："欲廣之《韓詩外傳》，趙懷玉本；《吳子》，孫星衍本；《鹽鐵論》，汪繼培本；《新論》，孫馮翼輯本；《潛夫》，汪繼培本；《抱朴子》，孫星衍、嚴可均本；《說苑》《新序》《傅子》《正論》《申鑒》，未見善本；以上皆《羣書治要》所收。又欲廣以《太玄》，萬玉堂本（《天祿琳琅後編》著錄誤入宋版，實明刻也）；《論衡》足本，閩中周季貺藏；《文心雕龍》，黃叔琳本，顧廣圻校；《金樓子》，鮑氏知不足齋叢書本；《劉子》，無善本；《風俗通義》，有錢校本。如此則唐以前成家著述備矣！以許邁孫所藏足本《意林》續之，豈非藝林盛事。"此則譚氏之所欲廣，而浙刻之未及備矣！

浙刻《二十二子》，卷端多署據某本刻；而湖北崇文書局刻《百子全書》，則不著何據。然就譚獻校讀而著之日記，亦有可考見者：《孔子家語》，宋薛據本；《孔叢子》，明書帕本，《爾雅》《孔臧賦》《連叢》皆刪去。而《荀子》則勝盧校所摘俗本，蓋頗雜用宋元本，又多依注改定。《鄧析子》，江山劉履芬彥清得宋本景寫付刻，譚氏為撰校文；瑞安孫詒讓仲容又撰拾遺，大都據《意林》《繹史》及舊鈔本；而鄂刻則與譚、孫所見鈔本合云！《尸子》，孫星衍本。《韓非》，趙用賢本；後數卷中有意改數處，故與浙刻吳鼒《韓非》後顧廣圻《識誤》所云今本不全合。《太玄》，五柳居陶氏刻《司馬公集注》影宋本。《墨子》，畢沅本，而中有依高郵王念孫石臞《讀書雜志》刊正者。《鬼谷子》，似出《道藏》本，脫誤至數十百處（博嘗以正統藏本、秦刻、鄂刻鬼谷三本互校，其中頗有一二處鄂刻勝者）。《鶡冠子》出《十子書錄》朱養純評本；《金樓子》出鮑氏知不足齋叢書本。《白虎通》，據何允中本；《牟子》，孫星衍本。《山海經》與郝懿行箋疏所據藏本不同，往往合於《藝文類聚》所引；鄂刻補遺，郝本僅有五則，參差互異，未詳鄂本所出。《列子》同明人仿宋刻。《莊子》校世德堂本多合，無注，附楊慎《莊子闕誤》；楊氏所見舊本，頗有可取。凡十六種。而亦有與浙刻合者，如《墨子》之用畢沅、《莊子》之用世德堂是也。惟浙刻連注，而鄂刻去注耳！鄂刻不稱佳本，而浙刻頗有名。然譚記又稱浙刻畢沅本《山海經注》二卷，不知何人校，卷四壞失二十字，又有跳行誤連上文者（不在刻本，見吾友徐夷吾薇生《復堂日記補錄》稿本）。則亦不免乖剌！然底本佳，終是可據！

（丁）集部　文集猥衆，難以徧紀，於是總集尚焉！一則網羅放佚，使零章殘什，並有所歸；一則刪汰繁蕪，使莠稗咸除，菁華畢出。是固文章之衡鑒，著作之淵藪也！自魏文帝始集陳、徐、應、劉之文，自是以後，漸有總集。傳於今者，《文選》最古矣！梁昭明太子蕭統撰。唐文林郎守太子右內率府錄事參軍事崇賢館直學士江都李善為之注。

《新唐書·李邕傳》稱：其父善始注《文選》，釋事而忘義；書成以問邕，意欲有所更。善因令補益，邕乃附事見義，故兩書並行。今本事義兼釋，似為邕所改定。然考李匡乂《資暇集》曰："李氏《文選》有初注成者，有覆注者，有三注、四注者，當時旋被傳寫。其絕筆之本，皆釋音訓義，注解甚多。"匡乂唐人，時代相近，其言當必有徵。是善之定本，本事義兼釋，不由於邕。《舊唐書·儒學傳》載李善受曹憲《文選》之學，號為精審。至開元六年，工部侍郎呂延祚復集衢州常山縣尉呂延濟、都水使者劉承祖之子良、處士張詵、呂向、李周翰五人共為之註，表進於朝。其訾善之短，則曰："忽發章句，是徵載籍；述作之由，何嘗措翰！使復精核註引，則陷於末學；質訪旨趣，則巍然舊文。祇謂攪心，胡為析理！"其述五臣之長，則曰："相與三復乃詞，周知祕旨，一貫於理，杳測澄懷；目無全文，心無留意，作者為志，森然可觀！"觀其所言，頗欲排突前人，高自位置！然李匡乂《資暇集》備摘其竊據善注，巧為顛倒；條分縷析，言之甚詳。又姚寬《西溪叢語》訾其注揚雄《解嘲》，不知伯夷、太公為二老，反駁善注之誤。王楙《野客叢書》，訾其誤敘王暕世系，以覽後為祥後，以曇首之曾孫為曇首之子；則不如善注，久有定論。其書本與善注別行，故《唐志》各著錄，黃伯思《東觀餘論》尚譏《崇文總目》誤以五臣注本置李善注本之前；至陳振孫《書錄解題》，始有《六臣文選》之目。蓋南宋以來，偶與善注合刻，取便參證；元明至今，遂輾轉相沿，併為一集。其行世者：六臣注，有明吳郡袁褧仿宋裴氏本；李善單注，有胡克家仿宋尤丞相本。可作虎賁中郎，咸稱佳刻！袁褧刻，南京圖書館有藏本，而涵芬樓《四部叢刊》又有景宋刊《六臣注文選》六十卷。胡克家刻，有湖北崇文書局繙本，有廣州繙本。

宋版書自來為人珍貴者：一《兩漢書》，一《文選》，一《杜詩》，皆元趙文敏松雪齋故物。《兩漢書》，嘗為明太倉王世貞元美家藏，而於乾隆時進入內府者。《文選》亦在內府，二十三卷；後有趙文敏小行楷書跋云："霜月如雪，夜讀阮嗣宗《詠懷詩》，九咽皆作清冷氣。而是書玉楮銀鉤，若與鐙月相映，助我清吟之興不淺！至正二年仲冬三日夜，子昂識。"亦有王世貞跋云："余所見宋本《文選》，亡慮數種。此本繕刻極精，紙用澄心堂，墨用奚氏，舊為趙承旨所寶。往見於同年生朱太史家，云得之徐太宰所，幾欲奪之，義不可而止。"又有萬曆甲戌人日，王穉登書云："此本紙墨鋟摹，出良工之手，政與瑯琊長公所藏《漢書》絕相類。《漢書》有趙魏公小像，此書有公手書；流傳至今，僅三百年，而卷帙宛然！今歸朱司成象玄，出示諦賞。此本視《漢書》，亦猶蜀得其龍，吳得其虎矣！"又董其昌跋云："顏真卿書《送劉太沖序》後，有'宋四家書派，皆宗魯公'之語。則知北宋人學書，競習顏體，故摹刻者以此相尚；其鐫手於整齊之中，寓流動之致，洵能不負佳書！至於紙質如玉，墨光如漆，無不各臻其妙。在北宋刊印中，亦為上品！"乾隆御題云："此書董其昌所稱與《漢書》《杜詩》鼎足海內者也！紙潤如玉，南唐澄心堂法也；字跡精妙，北宋人筆意。《漢書》現在大內，與為連璧。不知《杜詩》落何處矣！"《天祿琳琅》目載宋版書甚多；而御題云："若此者亦不多得！"嘉慶二年，武英殿災，與《漢書》同歸一燼，神物久歸天上矣！

清自桐城方苞望溪以義法為古文，其邑人劉大櫆耕南繼之，而姚鼐姬傳私淑於大櫆，又以所聞授門人上元梅曾亮伯言；管同異之，及興縣康紹鏞蘭皋、江寧吳啟昌佑之，為《古文辭類篹》，為十三類，曰論辨、序跋、奏議、書說、贈序、詔令、傳狀、碑誌、雜記、箴銘、贊頌、詞賦、哀祭，每類自為之說，分隸簡首，自明去取之意甚當，而於先秦、兩漢自唐宋諸家以迄於清，究極端委，綜覈正變。其書有嘉慶末康紹鏞刻七十四卷（每卷末有合河康氏刻梓家塾長方印），有道光五年吳啟昌原刻本（每卷有金陵吳氏佑之校刊長方印），有光緒辛丑滁州李承淵求要堂校刊本。而據李承淵校刊後序稱，姚氏命名《古文辭類篹》，篹字，本《漢書·藝文志》序《論語》云："門人相與輯而論篹，故謂之《論語》。"顏師古注"篹，與撰同。"康氏不明篹字所由來，誤刊為《古文辭類纂》。至今《古文辭類纂》之名大著，鮮有知為篹字本義者已！其它通行本題作"纂"者，皆承康刻之誤也！吳氏刻後來居上，而勝康刻者有數端：書中姚氏加案及引他人之評語，吳刻皆雙行小注，附於篇末，當為原本如是。而康刻則一律晉為大字，列諸每篇文題之後。惟卷二柳子厚《桐葉封弟辯》，姚氏引薑塢先生云云，仍作雙行小注，附於篇末；當即康氏所竄改未盡者。此其一。吳刻七十五卷，係足本，康刻闕一卷。此其二。康刻據乾隆中葉姚氏主講揚州梅花書院訂本，而吳刻則據姚氏晚年主講鍾山書院所授本；所有姚氏晚年評語，康刻皆無之。此其三。康刻多訛字奪句，往往有文理扞格不通之處；檢吳刻可以校正其誤。此其四。綜此數端，其於康刻，實有雅、鄭之別！惜板存金陵，燬於洪、楊；傳本甚稀，不易多覯也！迄光緒之世，滁州李氏好姚篹，參據康、吳兩刻，而見《史記》、前後《漢書》《文選》及司馬光《資治通鑑》，宋元以後、康熙以前各家專集舊槧，有關姚氏篹錄之文，隨時校勘字句，用朱墨筆注上下方。其圈點則自姚氏少子曰雉藏本轉錄者也。既博考羣書，正其句讀，矻砭二十年，勒為定本。殆視康、吳兩刻彌為後來居上矣！輓近以來，又有張剛校刻之吳摯甫先生手輯五色評點姚選古文真本、徐樹錚輯刊之諸家評點本，類皆輯集諸家批點，旁考諸集評識，標於眉間，頗便學者。則又於康、吳、李三刻之外，別成一家已！

（戊）類書　類事之書，兼收四部，而非經非史、非子非集；四部之內，乃無類可歸。《皇覽》始於魏文；晉荀勖《中經簿》分隸何門，今無所考。《隋書‧經籍志》始隸子部。不知古人之所以自命一子者，以其旨無旁出，而各有立言之宗也。至類書之輯，不過以廣蒐采，備檢考；其書有經有史，其文或墨或儒，博涉而無所宗；抄撮前人典籍，豈所語於立言而可擅名家哉！然古籍散亡，十不存一；遺文舊事，往往託以得存。《藝文類聚》《初學記》《太平御覽》諸書，殘璣斷璧，摭拾不窮！阮元謂：“《太平御覽》一書，成於太平興國八年（太平興國，太宗年號）。北宋初古籍未亡，其所引秦漢以來之書，多至一千六百九十餘種。考其書傳於今者，十不存二三焉！然則存《御覽》一書，即存秦漢以來佚書千餘種矣！”（見揅經室三集重刻宋本《太平御覽敘》）此為《太平御覽》言之！然而不僅為《太平御覽》言之！

《藝文類聚》一百卷，唐歐陽詢撰。其書比類相從，事居於前，文列於後，覽者易為檢，作者資其用：諸類書中，體例最善！至清未有刊本。北平圖書館藏有一部，明嘉靖戊子胡纘宗刊本。後有長洲陸采子玄跋稱：“是書之刊，可泉胡公實主之，始於丁亥之秋孟，迄於今歲之秋仲，凡歲有一月而成；費緡錢四百千有奇，而校讐供餽之勞，不知凡幾。其成亦云難矣！繼公政者，愛民惜費，欲杜往來之求也，命余焚之。余不忍，僅劚其半，以示存羊之意，庶幾他日可補而竟，以副胡公博雅好古之志云！是書也，其印止二百本，覽者其毋忽諸！"同治間為譚獻所得，借閩中陳徵芝蘭鄰、帶經堂馮已蒼、錢求赤校本過錄其上；罕書也！

《初學記》三十卷，唐徐堅等奉敕纂經史文章之要，以類相從。其例前為敍事，次為事對，末為詩文；其敍事雖雜取羣書，而次第若相連屬，與他類書獨殊。所見者明刻四本：有錫山安國桂坡館嘉靖甲午刻宋紹興本，有晉府重刊安國桂坡館嘉靖甲午本，皆南京圖書館所藏也。有項氏印徐守銘寧壽堂萬曆丁亥刻本，則北平圖書館所藏也。陳大科校刊本，則坊間時有之！而清又有內府刻古香齋袖珍本。獨以安國桂坡館刻為最著名！嘉慶間烏程嚴可均景文得宋本，以校徐守銘刻而書其後曰："《初學記》今世行本，僅明安國民泰所校刊者為稍舊。安國得宋版大字本，多闕葉，倩館客郭禾采他書補足，而通部亦改竄刪補；非宋舊也！其陳大科、徐守銘等本，皆祖安國，復加改竄。別有古香齋巾箱本，未知所祖；嘉慶初，王蘭泉少寇得宋版大字本。丙寅春，孫淵翁借以示余。余案頭有徐本，取與對勘。開卷見《劉序》'刑名度數'，宋本'刑'作'形'，'形名'猶言'名物'，改便失之。因竭四十日力，得互異字累萬，用丹筆悉注於徐本之旁。宋有而徐無者，注於上方。宋無而徐有者フし❶之。卷十七，宋闕第二十葉；驗行數、字數，知安國所據本不闕。卷二十五、二十六、二十八、二十九、三十，凡二十二葉，宋與徐絕異：皆安國所據本之闕葉，而郭禾補足者也；不能對勘，別寫之，夾置之各卷中。審知此書自唐開元而北宋，展轉胥鈔，到紹興四年始鑱板，勝處固多，誤亦不少；然往往卽誤處可得勝處，故宋本可寶也！"（見《鐵橋漫稿·書初學記校宋本後》）其後，可均校

---

❶ 原文即如此。——編者註

本為嘉興沈曾植子培所得，祕為鴻寶。長沙葉德輝煥彬與繆荃蓀皆向借校，靳勿許也！又勸其假之有力者刊行，亦勿膺。德輝戲為荃蓀言："古人著述，遇此輩人收藏，真可云冤沈海底，永無見天之一日矣！"曾植既歿，其書流出北平廠肆，索餅銀五百元。長沙易培基寅邨假之，盡二十日之力，過錄一部；覆審再三，自謂於原校無毫髮之恨也（見葉德輝《易氏過錄·嚴校宋本初學記跋》）。

《太平御覽》一千卷，宋李昉等奉敕撰，凡分五十五門，引用書一千六百九十種；徵引至為浩博，於類書中最為鉅帙！向行鈔本，明以來始有刻，而萬曆元年無錫黃正色刻本最著！然阮元《重刻宋本太平御覽敍》謂："吳門黃蕘圃主事有刊本三百六十六卷，乃前明文淵閣宋刻殘本；又五百二十卷，亦依宋鐫所抄；其餘缺卷，並從各家舊鈔過錄。予取黃正色本屬友人密加謄校；知黃本顛倒脫落，至不可讀，與明活字板相似；其偏旁之訛，更無論矣！且又妄據其時流傳經籍，憑臆擅改，不知古書文義深奧，與後世判然不同；淺學者見為誤而改之，不知所改者反誤矣！"其後有鮑淥飲校刊宋小字本，有張氏所刻大字本，咸勝黃正色本。而北平圖書館，則藏明藍格鈔本《太平御覽》一千卷，有日本人印云！

世所傳宋以前類書，可考見古籍佚文者，僅此《藝文類聚》《初學記》及《御覽》三書而已！

綜上所陳，書在必讀；本取可得，或迻取之坊肆，或旁求之圖書館，譬按圖而索驥，將有裨於末學乎！述讀本第三。

餘記第四

自鏤版興，於是兼言版本。其例創於吾錫尤文簡公袤《遂初堂書目》；目中所錄，一書多至數本，有成都石經本，祕閣本，舊監本，京本，江西本，吉州本，杭本，舊杭本，嚴州本，州本，湖北本，川本，川大字本，川小字本，高麗；此類書，以正經正史為多，大約皆州郡公使庫本。而岳珂刻《九經三傳》，其《沿革例》稱："自監、蜀、京、杭、而下，有建余仁仲、興國于氏二本，皆分句讀，稱為善本。"知辨別版本，自南宋已然！而宋本書，特表而出之，則始自常熟毛扆斧季《汲古閣珍藏祕本書目》；注有"宋本""元本""影宋""校宋"本等字。其後，同縣錢曾遵王《述古堂書目》，泰興季振宜《季滄葦書目》，卷首均別為宋版書目。明高濂《燕閒清賞箋》論藏書，以為："宋書紙堅刻軟，用墨稀薄，雖著水經燥無湮迹，開卷一種書香，自生異味。元刻仿宋，紙鬆刻硬，用墨穢濁，開卷了無臭味。又若宋版遺在元印，或元補欠缺，時人執為宋刻。元版遺至國初補欠，人亦執為元刻。然而以元補宋，其去猶未易辨。以國初補元，內有單邊、雙邊之異，且字刻迥然別矣！"蓋宋版在所珍，而元明不為罕也！然宋版既罕，元刻亦珍。至於乾嘉之際，吳縣黃丕烈蕘圃自號佞宋主人，藏宋版書百餘種，學士顧蒓為之顏其室曰"百宋一廛"。元和顧廣圻千里為之賦，而丕烈自疏所藏以作注。海昌吳騫兔牀亦富藏書，擬作千元十駕以敵之，意蓋欲廣購元槧佳本，取荀子"駑馬十駕"之意，顏所居曰"千元十駕"，占長句戲丕烈。丕烈既老而貧，迺以所藏歸之同郡汪士鍾閬源藝芸精舍。汪氏不能守其有，往往為聊城楊端勤公以增所得，構海源閣藏之，別闢一室曰"宋存"；而以元本、校本、鈔本附焉，蓋多士禮居印記矣！歸安陸心源存齋有宋版書二百部，其中士禮居藏書亦不少，故自顏其居曰"皕宋樓"。及陸氏敗，所有皕宋樓書，盡以售之日本人岩崎某，載歸貯之靜嘉堂文庫。而百宋一廛舊籍，乃有流落海外者矣！然陸氏自誇皕宋以傲丕烈之百宋一廛，而細覈所記，有明仿宋本，有明初刻似宋本，有誤元刻為遼、金本，有宋版明南監印本；存真去偽，合計不過十之二三，尚不足丕烈之百宋也！杭州孫鳳鈞銓伯藏有宋刊單行本《魏志》、撫州本《公羊》，皆世間絕無之本，雖少而精；薄錄之學，一時無比，人呼為"宋版孫"！宋元舊刻日稀，而文苑、儒林、佞宋、祕宋之風，遂成一時佳話矣！

明嘉靖時，吾錫華夏中父好藏書，圖記曰："眞賞齋印"，扁式；茶陵李東陽西涯八分書，以米元章有"平生眞賞"印也。鄞縣豐坊道生鋪張所藏而為《眞賞齋賦》，蓋顧廣圻《百宋一廛賦》之所自脫胎。惟顧賦揚厲百宋，而道生則不限宋元版書。其涉及宋元版書者，有曰："暨乎劉氏《史通》，《玉臺新詠》（上有建業文房之印），則南唐之初梓也；聶崇義《三禮圖》，俞言等《五經圖說》，乃北宋之精帙也。荀悅《前漢紀》，袁宏《後漢紀》（紹興間刻本，汝陰王銍序），嘉史久遺；許嵩《建康錄》，陸游《南唐書》，載紀攸罕。宋批《五禮》，五采如新；古注《九經》，南籬多闕。蘇子容《儀象法要》，亟稱於諸子；張彥遠《名畫記》，鑒收於子昂。相臺岳氏《左傳》，建安黃善夫《史記》，六臣注《文選》，郭知達《集注杜工部詩》（共九家，曾噩校），曾南豐序次《李翰林集》（三十卷），五百家注《韓柳文》（在朱子前），《劉賓客集》（共四十卷，內外集十卷），《白氏長慶集》（七十一卷），《歐陽家藏集》（刪繁補缺八十卷，最為真完），《三蘇全集》，《王臨川集》（世所傳祇一百卷，唯此本一百六十卷），《管子》，《韓非》，《三國志》（大字本淳熙乙巳刊於漳州轉運使公帑），《鮑參軍集》（十卷），《花間集》（紙墨精好），《雲溪友議》（十二卷），《詩話總龜》（百卷阮閱編），《經鉏堂雜志》（八卷，靈川倪思），《金石略》（鄭樵著，笪氏藏），《寶晉山林拾遺》（八卷，孫米憲刻），《東觀餘論》（宋刻初印卷帙甚備，世所罕見），《唐名畫錄》（朱景玄），《五代名畫補》（劉道醇纂），《宋名畫評》，《蘭亭考》（十二卷，桑世昌），皆傳自宋元，遠有端緒。"卽以宋元版書而論，可謂夥頤沈沈者矣！何減於百宋一廛哉！

百宋一廛藏有建溪三峯蔡夢弼傅卿家塾，乾道七年刻《史記》（乾道，宋孝宗年號），有《索隱》而無《正義》。而嘉定錢大昕莘楣《十駕齋養新錄・論史記宋元本》曰："予所見《史記》宋槧本：吳門顧抱沖所藏澄江耿秉刊於廣德郡齋者，紙墨最精善，此淳熙辛丑官本也（淳熙，亦孝宗年號，為乾道改元）。黃蕘圃所藏三山蔡夢弼刊本，亦在淳熙間（淳熙，想係乾道之誤）。海寧吳槎客所藏，元中統刊本（中統，元世祖年號。中統元年，當宋理宗景定元年），計其時在南宋之季。此三本，皆有《索隱》而無《正義》。明嘉靖四年，金臺汪諒刻莆田柯維熊校本，始合《索隱》《正義》為一書；前有費懋中序，稱陝西翻宋本無《正義》，江西白鹿本有《正義》；是柯本出於白鹿本矣！同時震澤王氏亦有繙宋本，大約與柯本不異（嘉興錢泰吉警石、甘泉鄉人稿五校《史記雜誌》一則云：小題在上，大題在下，柯、王兩本皆然。然柯本大題旁注不若王本，並作大字，尤為近古。又云：柯本《索隱序》後有紹興三年四月十二日右修職郎充提舉茶鹽司幹辦公事石公憲發刊至四年十月二十日畢工三十八字，凡三行，始知柯本從紹興本繙刻也）。《史記》《索隱》《正義》，皆各自為書，不與本書比附。宋南渡後，始有合《索隱》於《史記》者，剏自蜀本；繼有桐川、三山兩本，皆在淳熙以前。其時《正義》猶單行也。白鹿本未審刻於何年。以意揆之，必在淳熙以後。蓋以《索隱》為主而《正義》輔之。凡《正義》之文與《索隱》同者，悉從刪汰，自是《正義》無單行本，而守節之元本，不可考矣！"此可以考《史記》刊本之沿革。

　　海昌吳壽暘虞臣《拜經樓藏書題跋記》載：宋本《前漢書·列傳》十四卷，每葉十六行，行十六字；首行大名在下，小名在上；次行題"漢護軍班固撰"；三行署"唐正議大夫行祕書少監瑯琊縣開國子顏師古集注"；並與監本不同。卷末書"右將監本、杭本、越本及三劉、宋祁諸本參校；其有異同，並附於古注之下"。後記正文、注文字數。東里盧抱經學士跋："汲古所梓《漢書》，當是據北宋本，此疑是南宋本，誤字亦少。汪文盛本，殆亦從此本出！"（福建汪文盛嘉靖己酉刻《前漢書》一百二十卷，《後漢書》一百二十二卷，見錢大昕《竹汀日記》抄《丁丙善本書室藏書志》）而獨山莫友芝子偲《宋元舊本書經眼錄》有《題湘鄉曾氏藏金元間刊本漢書》云："宋冑監《漢書》：始淳化五年孫何張佖等校本（淳化，宋太宗年號），次景德二年刁衎、晁迥等覆校本（景德，眞宗年號），次景祐二年余靖、王洙重校定本（景祐，仁宗年號），次熙寧二年刊進嘉祐中陳繹重校、歐陽修看詳本（嘉祐，仁宗年號；熙寧，神宗年號），次宣和六年重修本（宣和，徽宗年號），次紹興二十一年重刊本（紹興，高宗年號），今惟景祐、紹興二本，尚著錄於舊藏家；

大率每葉二十行，行大字十九，注字二十五至二十七八不等。此本行字悉同。其《列傳》第二十九之後九葉，及他卷闕一二葉者悉影乾道三年刊本補之，其行字亦同。大抵皆出景祐、紹興二本。乾道本版心，下端有乾道三年，隸書白文五字；其寫刻人名，悉此本中所有，愈知景祐、紹興為同祖。惟按宋以後，刊《漢書》有元大德九年太平路本（大德，成宗年號）。此本《本紀第三》一葉，版心有'大德八年補刊'六字，則當為大德以前刊。且北宋諱避闕至欽宗之'桓'，南宋諱自'構''慎'皆不闕，知非南宋乾道、慶元及川、吉、越、湖北諸本（慶元，寧宗年號）。然審其字體版式，已是宋末元初不精之刻；蓋金元間以紹興本繙雕，而大德修補之本。《愛日精廬藏書志》記宋刊元修本，版心有記大德、至大、延祐、元統補刊者（至大，武宗年號；延祐，仁宗年號；元統，順帝年號），其行字同。友芝又見豐順丁氏收黃丕烈舊藏景祐殘帙，足以宋刊元修若干卷者，亦有大德、至大諸補版行字亦同，紙墨、字體約略相似；則此為金元間刻，益無可疑。"此可以考《漢書》刊本之沿革。

又黃丕烈《士禮居藏書題跋記》稱："《後漢書》本，宋刻佳者，淳化不可得見。景祐本，殘者有之。此外如建安劉元起刊於家塾散室本，又有一大字本，皆名為宋，而實則不及元明刊本！何以明之？蓋所從出本異也。惟正統本最稱善，以所從出為淳化本也（正統，明英宗年號）；元大德本，亦自淳化本出。此外又有景祐間余祕丞書者，乃翻淳化本耳！景祐至大德，大德至宏治，遞為修補（宏治，明孝宗年號），故版刻字樣各有不同，非如正統十年一例專刻也！"此可以考《後漢書》刊本之沿革。

又《士禮居藏書題跋記》載："宋咸平刊本《吳志》二十卷，其目錄自一卷至十卷，分為上袟；十一卷至二十卷，分為下袟；并載中書門下牒一通。因檢毛汲古、錢述古兩家書目，皆載有《吳志》二十卷本，其為專刻無疑。"杭州孫鳳鈞銓伯藏有單刊本《魏志》。而長沙易培基寅邨《三國志校義跋》則稱："明景北宋本《三國志》，三志各自為卷，目錄分列。"益徵宋刊《三國志》，各自為書：武英殿本《三國志》目錄，雖統編六十五卷，而《魏志》三十卷、《蜀志》十五卷、《吳志》二十卷，仍各自為卷。以視宋刊本，惟目錄不分列耳！此可以考《三國志》刊本之沿革。彙錄之於此。

宋版書不易得，於是言景鈔。《天祿琳琅》載："毛晉藏宋本最多。其有世所罕見，而藏諸他氏，不能得者，則選善手，以佳紙墨影鈔之，與刊本無異，名曰'影宋鈔'。一時好事家皆爭傚效。而宋槧之無存者，賴以傳之不朽！"孫從添《藏書紀要》曰："汲古閣印宋精鈔，古今絕作，字畫紙張，烏絲圖章，追摹宋刻為近世無有！能繼其作者，所鈔甚少。鈔錄書籍，以軟宋字小楷顏、柳、歐字為工。宋刻字更妙！摹宋版字樣，筆畫均勻，不脫落，無遺誤，烏絲行款，整齊中帶生動，為至精而美備；序跋、圖章、畫像，摹仿精雅，不可呆板，乃為妙手！"而自黃丕烈以下，一汲毛氏汲古之流焉！此景宋鈔也！

若言宋鈔，貴於宋刻。孫從添《藏書紀要》謂："宋人鈔本最少，字畫墨氣古雅，紙色羅紋舊式，方為真本！若宋紙而非宋字、宋跋，宋款而非宋紙，即係偽本；或字樣、紙色、墨氣，無一不真，而圖章不是宋鐫，印色不舊，割補湊成，新舊相錯，終非善本！元人鈔本亦然。常見古人稿本，字雖草率，而筆法高雅，紙墨圖章，色色俱真，自當為希世之寶！以宋元人鈔本，較之宋刻本而更難也！古人鈔錄書籍，俱用黃紙；後因詔誥用黃色紙，遂易以白紙。宋元人鈔本用冊式，而非漢唐時卷軸矣。其記跋校對，極其精；筆墨行款，皆生動可愛！明人鈔本，各家美惡不一。吳門宋性甫（按，文徵明《宋性甫先生墓誌銘》：吾蘇宋性甫存理，聞人有奇書，輒從以求，以必得為志。或手自繕錄，動盈筐篋；羣經諸史，下逮稗官小說，無所不有。尤精楷法，手錄前輩詩文積百餘家。他所纂集有《經子鉤元》《吳郡獻徵錄》《名物寓言》《鐵網珊瑚》《野航漫錄》《鶴岑隨筆》，總數百卷），錢叔寶子允治（按，錢謙益《列朝詩集》小傳：錢穀字叔寶，少孤貧，遊文待詔門下，日取架上書讀之；以其餘功點染水墨，得沈氏之法。晚葺故廬，讀書其中，聞有異書，雖病必強起匍匐請觀；手自鈔寫，幾於充棟，日夜校勘，至老不衰。子允治，酷似其父，年八十餘，隆冬病瘍，映日鈔書，薄暮不止），手鈔本最富！後歸錢牧翁；絳雲焚後，僅見一二矣！吳寬、柳僉、吳岫、孫岫、太倉王元美、崑山葉文莊、連江陳氏、嘉興項子京、虞山趙清常、洞庭葉石君諸家鈔本，俱好而多；但要完全校正、題跋者方為珍重！王雅宜、文待詔、陸師道、徐髯翁、祝京兆、沈石田、王質、王穉登、史鑑、邢參、楊儀、楊循吉、彭年、陳眉公、李日華、顧元慶、都穆、俞貞木、董文敏、趙凡夫、文三橋、湖州沈氏、寧波范氏、吳氏、金陵焦氏、桑悅、孫西川皆有鈔本甚精！鈔本書，畫圖最難；用白描法，運筆古雅秀勁為主。人物畫像要生動，又要清雅而端莊，方為合式。有皇宋五彩畫本《本草圖經》最精工，集天下名手，著色畫成；又有白描《列女傳》《孝經》等書，無出其右者！近時錢遵王有五彩著色畫本《香奩集》、白描《鹵簿圖》《營造法式》《營造正式》等書，雖弗及前人，今亦不可得矣！吳匏庵寬鈔本，用紅印格，其手書者佳。吳岫、孫岫鈔用綠印格，甚有奇書，惜不多見！葉文莊鈔本用綠、墨二色格，校對有跋者少，未對草率者多，間有無刻本者亦精。"至近時精鈔本，如金山錢熙祚守山閣鈔本，十二行綠格，格闌外有"守山閣鈔本"五字；歸安姚覲元咫進齋鈔本，十三行綠格，版心有"咫進齋"三字。又厲樊榭鶚鈔書用八行墨格，鈕匪石樹玉鈔書用十行綠格，皆鈔本之可貴者！

古本既以罕而益珍，人情遂以偽而相罔！而宋版書之有偽，蓋自明而已然！高濂《燕閒清賞箋》謂："近日作假宋版書者，神紗莫測！將新刻摹宋版書，特抄微黃厚實竹紙，或用川中繭紙，或用糊背方簾綿紙，或用孩兒白鹿紙，筒捲用搥細細敲過，名之曰刮，以墨浸去臭味，印成。或將新刻版中殘缺一二要處，或濕黴三五張，破碎重補；或改刻開卷一二序文年號，或貼過今人注刻名氏留空另刻小印，將宋人姓氏扣填。兩頭角處，或用沙石磨去一角；或作一二缺痕，以燈火燎去紙毛，仍用草煙薰黃，儼然古人傷殘舊迹。或置蛀米櫃中，令蟲蝕作透漏蛀孔；或以鐵線燒紅，鎚書本子委曲成眼一二轉折。種種與新不同。用紙裝襯，綾錦套壳，入手重實，光膩可觀；初非今書，彷彿以惑售者，或札夥囤，令人先聲，指為故家某姓所遺。百計瞽人，莫可窺測！"而海寧蔣光煦生沐序吳壽暘《拜經樓藏書題跋記》則稱："欲得舊刻舊鈔，而苕賈射利，弊更百出：割首尾，易序目，剔畫以就諱，刓字以易名，染色以偽舊。卷有缺，劀他版以雜之；本既亡，錄別種以代之。反覆變幻，殆不可以枚舉！"總之，不出以明翻宋版剜補改換之一途：或抽去重刊書序，或改補校刊姓名；或偽造收藏家圖記，鈐滿卷中，或移綴真本跋尾題籤，掩其贗迹而已！余故表而出之，以為好古而無真賞者鑒焉！

宋版書之不無譌誤，蘇東坡、葉石林、陸放翁已切論之！然刻書之誤，有由於校之不審者，有由於校之妄改者。《顏氏家訓·勉學篇》曰："校定書籍，亦何容易！自揚雄、劉向方稱此職耳！觀天下書未徧，不得妄下雌黃。或彼以為非，此以為是，或本同末異，或兩文皆欠，不可偏信一隅也！"《東坡志林》譏切："世人以意改書，遂使古書日就訛舛，深可忿疾！"而顧炎武《日知錄·論勘書》曰："凡勘書，必用能讀書之人。偶見《焦氏易林》舊刻，有曰'環緒倚鉏'，乃'環堵'之誤，注云'緒疑當作珮'。'井堙水刊'，乃'木刊'之誤，注云'刊疑當作利'。失之遠矣！幸其出於前人，雖不讀書，而猶遵守本文，不敢輒改。苟如近世之人據臆改之，則文益晦，義益舛；而傳之後世，雖有善讀者，亦茫然無可尋求矣！然則今之坊刻，不擇其人而委之讐勘，豈不為大害乎！梁簡文帝《長安道詩》：'金椎抵長樂，複道向宜春'。是用《漢書·賈山傳》：'隱以金椎，樹以青松，為馳道之麗至於此'，《三輔決錄》：'長安十二門，三塗洞開，隱以金椎，周以林木，左右出入，為往來之徑'。今誤作'金槌'，而又改為'椎輪'。唐閻朝隱《送金城公主適西蕃詩》：'還將貴公主，嫁與傉檀王'。是用《晉書·載記》河西王禿髮傉檀今誤作'耨檀'，而又改為'褥氈'。比於金根車之改金銀而又甚焉者矣！"陽湖李洺申耆為《澗蘋顧君（廣圻）墓誌銘》，痛詆"校者荒陋，不守闕如之戒。妄緣疑而致誤，至剜肉而成瘡。至有謬稱皇考，妄易銀根者，本初無誤，校乃致誤。此自書有刊本，輕加雌黃，儳經三刻，而古人之真盡失！"蓋有嘅乎其言之，而極稱清儒不敢妄改，為善刻書。顧廣圻《思適寓齋圖自記》曰："以'思適'名齋者何？顧子有取於邢子才之語也。史之稱子才曰'不甚校讐'。顧子役役以校書而取之者何？謂顧子之於書，猶必不校校之也。子才誠僅曰不校乎哉？則烏由思其誤，又烏由而有所適也！故子才之不校，乃其思不校之誤，使人思誤於校者，使人不能思去誤於校者而存不校之誤，於是日思之，遂以與天下、後世樂思者共思之！此不校校者之所以有取於邢子才也。"夫不輕改舊刻，而綜所欲正定者爲考異，或爲校勘記以識異同，聽天下、後世之好學深思者，玩索而自有得焉！此顧子之所謂不校校也！是可爲校刻古書者法！

版本之書，不勝僕舉！若論治學，宜有入手。就所覩記，挈其綱要。可先讀長洲葉昌熾鞠裳所撰《藏書紀事詩》六卷，以明藏書之掌故。次看長沙葉德輝煥彬所著《書林清話》十卷，以析版本之沿革。又次閱元和江標建霞所輯《宋元本行格表》二卷（近有趙鴻謙據南京圖書館善本甲庫所藏、丁丙善本書室宋元本仿江氏例，自五行以至二十行，記其行格，版載南京圖書館第一年刊），及《盋山書影》（此係南京圖書館所藏宋本，每種首頁影印宣紙）、涵芬樓《百衲本二十四史》樣本等書，以驗宋元之版式，然後讀黃丕烈以下諸家藏書目錄題跋，乃有頭緒！不然，無入手處！至諸家藏書目錄題跋，其中不鮮煌煌鉅册，可先讀嘉興錢泰吉警石《曝書雜記》三卷，獨山莫友芝子偲《宋元舊本書經眼錄》三卷，《郘亭知見傳本書目》四卷，簡而扼要；然後，再事博涉。不然，徒驚河漢之無涯，豈易得要領！浸淫及於日本，則如森立之《經籍訪古志》六卷，《補遺》二卷，島田翰《古文舊書考》四卷，皆於宋元古鈔各書，考訂至爲精析。至宜都楊守敬惺吾所譔《日本訪書志》，中載卷子本《佛經》各種，大半近百年內高麗舊鈔，而《留眞譜》則誤以明繙宋刻爲眞宋本。論者謂其魚目混珠，不過以爲販鬻射利之計，未可信據！而歐儒如法人伯希和得敦煌鳴沙山石室古書，乃能辨析卷數之異同，刊刻之時代。上虞羅振玉叔藴撰《鳴沙石室祕錄》，述其問答之詞，讀之令人驚歎！不可不涉獵及之！

於戲！版本之學，其始以精校讐，其蔽流爲骨董！於是罔羅舊聞，整齊雜語，拾遺補藝，以卒於篇。述餘記第四。

編後記

　　錢基博（1887~1957），江蘇無錫人，我國近現代著名國學家、教育家；辛亥革命时期曾一度投筆从戎，后汲汲于教育事业，言传身教，誨人不倦。其一生學貫四部、著述等身，代表作如《中國文學史》《現代中國文學史》《版本通義》《古籍舉要》《周易解題及其讀法》《四書解題及其讀法》等。錢鍾書先生舉賢不避亲，赞乃父曰："先君遺著有獨絕處。"

　　《讀莊子天下篇疏記》由上海商務印書館于1933年4月首次出版，翌年1月再版。其在當時的受歡迎程度，由此可見一斑。而晚清以降，專爲著書以發明《莊子·天下》篇之旨趣者，亦可謂夥矣。本書而外，其犖犖大者尚有如顧實之《莊子天下篇講疏》、梁啟超《莊子天下篇釋義》、譚戒甫《莊子天下篇校釋》、馬叙倫《莊子天下篇述義》並高亨之《莊子天下篇牋證》等。一时间風雲际會而若此，自源于《天下》篇本身重要的思想史和學术史地位，用顧實先生的話来概括，即"不讀《天下》篇，無以明莊子著書之本旨，亦无以明周末人學术之概要也"。

　　關于《天下》篇之作者，歷来有兩種認識。一種認爲係莊子自作，如西晉郭象、唐陸德明、清王夫之、王闓運以及梁啟超、馬叙倫等；一種認爲係莊子後學所作，如宋儒朱子、清人林雲銘、吳世尚以及胡適、馮友蘭等。而錢基博先生顯係前者，以《天下》爲"莊生著篇以論衡天下之治方術者"。

具體到其疏解，則主要遵循四條原則：（一）以子解子，即以某子之書解某子之言，如以《墨子》解墨子之言；（二）稽流《史》《漢》，即以《史記》《漢書》为据，無徵不信；（三）古訓是式，即旁參古經、古子、古史以求義之所安；（四）多聞闕疑，即止於其所不知，存而不論，付諸闕如。其特色之所在，即是一以貫之的以經詁經，以子詁子，旁涉眾家，無徵不信；正名辨物，鉤稽詳核，援證博而推闡精，綱要備而條目明。

《版本通義》由上海商務印書館于1930年首次出版，係錢先生撰寫的我國現代第一部版本學專著。全書分四個部分：原始第一，回溯上古至唐五代之版本學淵源；歷史第二，詳解宋元明清時期版本學之成立、之沿革；讀本第三，專言經史子集四部並類書之要籍、善本；餘記第四，总論治版本學之蹊要。此書係較早提出"版本之學"並對其進行系統性闡發的專著，是葉德輝《書林清話》之後該領域的又一部力作。

本次整理，以商務印書館之初版为底本。其間，改豎排爲橫排，對部分標點及段落進行了調整；其引文之個別字句與今通行本有異者，以"編者註"的方式出校；極個別明顯誤字，如《漢書·晁錯傳》誤爲《漢儒晁錯傳》者，則徑改。然限于編者之水平，錯漏之處定難免，望讀者方家海涵並不吝賜教。

徐　浩

2015年11月

《民國文存》第一輯書目

紅樓夢附集十二種	徐復初
萬國博覽會遊記	屠坤華
國學必讀（上）	錢基博
國學必讀（下）	錢基博
中國寓言與神話	胡懷琛
文選學	駱鴻凱
中國書史	查猛濟、陳彬龢
林紓筆記及選評兩種	林紓
程伊川年譜	姚名達
左宗棠家書	許嘯天句讀，胡雲翼校閱
積微居文錄	楊樹達
中國文字與書法	陳彬龢
中國六大文豪	謝無量
中國學術大綱	蔡尚思
中國僧伽之詩生活	張長弓
中國近三百年哲學史	蔣維喬
段硯齋雜文	沈兼士
清代學者整理舊學之總成績	梁啟超
墨子綜釋	支偉成
讀淮南子	盧錫烶

國外考察記兩種	傅芸子、程硯秋
古文筆法百篇	胡懷琛
中國文學史	劉大白
紅樓夢研究兩種	李辰冬、壽鵬飛
閒話上海	馬健行
老學蛻語	范禩
中國文學史	林傳甲
墨子閒詁箋	張純一
中國國文法	吳瀛
《四書》《周易》解題及其讀法	錢基博
老學八篇	陳柱
莊子天下篇講疏	顧實
清初五大師集（卷一）·黃梨洲集	許嘯天整理
清初五大師集（卷二）·顧亭林集	許嘯天整理
清初五大師集（卷三）·王船山集	許嘯天整理
清初五大師集（卷四）·朱舜水集	許嘯天整理
清初五大師集（卷五）·顏習齋集	許嘯天整理
文學論	[日]夏目漱石著，張我軍譯
經學史論	[日]本田成之著，江俠庵譯
經史子集要畧（上）	羅止園
經史子集要畧（下）	羅止園
古代詩詞研究三種	胡樸安、賀楊靈、徐珂
古代文學研究兩種	張西堂、羅常培、呂思勉
巴拿馬太平洋萬國博覽會要覽	李宣龔
國史通略	張震南
先秦經濟思想史二種	甘乃光、熊寗
三國晉初史略	王鐘麒

清史講義（上）	汪榮寶、許國英
清史講義（下）	汪榮寶、許國英
清史要略	陳懷
中國近百年史要	陳懷
中國近百年史	孟世傑
中國近世史	魏野疇
中國歷代黨爭史	王桐齡
古書源流（上）	李繼煌
古書源流（下）	李繼煌
史學叢書	呂思勉
中華幣制史（上）	張家驤
中華幣制史（下）	張家驤
中國貨幣史研究二種	徐滄水、章宗元
歷代屯田考（上）	張君約
歷代屯田考（下）	張君約
東方研究史	莫東寅
西洋教育思想史（上）	蔣徑三
西洋教育思想史（下）	蔣徑三
人生哲學	杜亞泉
佛學綱要	蔣維喬
國學問答	黃筱蘭、張景博
社會學綱要	馮品蘭
韓非子研究	王世琯
中國哲學史綱要	舒新城
中國古代政治哲學批判	李麥麥
教育心理學	朱兆萃
陸王哲學探微	胡哲敷

認識論入門	羅鴻詔
儒哲學案合編	曹恭翊
荀子哲學綱要	劉子靜
中國戲劇概評	培良
中國哲學史（上）	趙蘭坪
中國哲學史（中）	趙蘭坪
中國哲學史（下）	趙蘭坪
嘉靖御倭江浙主客軍考	黎光明
《佛游天竺記》考釋	岑仲勉
法蘭西大革命史	常乃惪
德國史兩種	道森、常乃惪
中國最近三十年史	陳功甫
中國外交失敗史（1840~1928）	徐國楨
最近中國三十年外交史	劉彥
日俄戰爭史	呂思勉、郭斌佳、陳功甫
老子概論	許嘯天
被侵害之中國	劉彥
日本侵華史兩種	曹伯韓、汪馥泉
馮承鈞譯著兩種	伯希和、色伽蘭
金石目錄兩種	李根源、張江裁、許道令
晚清中俄外交兩例	常乃惪、威德、陳勛仲
美國獨立建國	商務印書館編譯所、宋桂煌
不平等條約的研究	張廷灝、高爾松
中外文化小史	常乃惪、梁冰弦
中外工業史兩種	陳家錕、林子英、劉秉麟
中國鐵道史（上）	謝彬
中國鐵道史（下）	謝彬

中國之儲蓄銀行史（上）	王志莘
中國之儲蓄銀行史（下）	王志莘
史學史三種	羅元鯤、呂思勉、何炳松
近世歐洲史（上）	何炳松
近世歐洲史（下）	何炳松
西洋教育史大綱（上）	姜琦
西洋教育史大綱（下）	姜琦
歐洲文藝雜談	張資平、華林
楊墨哲學	蔣維喬
新哲學的地理觀	錢今昔
德育原理	吳俊升
兒童心理學綱要（外一種）	艾華、高卓
哲學研究兩種	曾昭鐸、張銘鼎
洪深戲劇研究及創作兩種	洪深
社會學問題研究	鄭若谷、常乃悳
白石道人詞箋平（外一種）	陳柱、王光祈
成功之路：現代名人自述	徐悲鴻等
蘇青與張愛玲	白鷗
文壇印象記	黃人影
宋元戲劇研究兩種	趙景深
上海的日報與定期刊物	胡道靜
上海新聞事業之史話	胡道靜
人物品藻錄	鄭逸梅
賽金花故事三種	杜君謀、熊佛西、夏衍
湯若望傳（第一冊）	［德］魏特著，楊丙辰譯
湯若望傳（第二冊）	［德］魏特著，楊丙辰譯
摩尼教與景教流行中國考	馮承鈞

楚詞研究兩種	謝無量、陸侃如
古書今讀法（外一種）	胡懷琛、胡樸安、胡道靜
黃仲則詩與評傳	朱建新、章衣萍
中國文學批評論文集	葉楚傖
名人演講集	許嘯天
印度童話集	徐蔚南
日本文學	謝六逸
齊如山劇學研究兩種	齊如山
俾斯麥傳（上）	［德］盧特維喜著，伍光建譯
俾斯麥傳（中）	［德］盧特維喜著，伍光建譯
俾斯麥傳（下）	［德］盧特維喜著，伍光建譯
中國現代藝術史	李樸園
藝術論集	李樸園
西北旅行日記	郭步陶
新聞學撮要	戈公振
隋唐時代西域人華化考	何健民
中國近代戲曲史	鄭震
詩經學與詞學 ABC	金公亮、胡雲翼
文字學與文體論 ABC	胡樸安、顧蓋丞
目錄學	姚名達
唐宋散文選	葉楚傖
三國晉南北朝文選	葉楚傖
論德國民族性	［德］黎耳著，楊丙辰譯
梁任公語粹	許嘯天選輯
中國先哲人性論	江恆源
青年修養	曹伯韓
青年學習兩種	曹伯韓

青年教育兩種	陸費逵、舒新城
過度時代之思想與教育	蔣夢麟
我和教育	舒新城
社會與教育	陶孟和
國民立身訓	謝無量
讀書與寫作	李公樸
白話書信	高語罕
文章及其作法	高語罕
作文講話	章衣萍
實用修辭學	郭步陶
版本通義・古籍舉要	錢基博
中國戲劇概評	向培良
現代文學十二講	［日］昇曙夢著，汪馥泉譯
近代中國經濟史	錢亦石